The Grit Workbook For Kids

The Grit Workbook For Kids By Elisa Nebolsine LCSW(Author) and Judith S. Beck PhD (Foreword) Copyright © 2020 by Elisa Nebolsine Instant Help Books An imprint of New Harbinger Publications, Inc. 5674 Shattuck Avenue Oakland, CA 94609 www.newharbinger.com All rights reserved. This Korean edition was published by innerbook in 2021 by arrangement with New Harbinger Publications, Inc. through Hobak Agency, South Korea.

이 책은 호박 에이전시(Hobak Agency)를 통한 저작권자와의 독점계약으로 이너북 출판사에서 출간되었습니다. 저작권법에 의해 한국 내에서 보호를 받는 저작물이므로 무단전재와 복제를 금합니다.

IQ · 재능 · 환경을 뛰어넘는 열정적 끈기

그릿 워크북

어린이를 위한 그릿의 힘

엘리사 네볼신 지음
정미현 옮김

이너북주니어
INNERBOOK

추천사

엘리사 네볼신이 '그릿'이라는 중요한 주제로 이 책을 써주어 정말 기쁘다. 엘리사는 뛰어난 심리치료사로서, 이 책을 통해 인지행동치료에 대한 깊은 이해를 아이들에게 매우 친근한 방식으로 풀어냈다. 『어린이를 위한 그릿의 힘』에서 아이들에게 가르쳐주는 것은 끈기와 회복탄력성을 기르는 데 도움이 되는 기술이다. 자기평가, 문제 해결, 자기 패배적 사고를 바로잡는 자기대화를 위한 마음 챙김, 스트레스 관리, 인지행동치료 기술 등을 다루고 있다. 엘리사는 아이들이 이러한 기술을 개발하고 실행에 옮기는 데 필요한 여러 가지 연습을 직접 해 보도록 독려하며, 각 영역의 성과를 기록할 수 있는 도구를 제공한다. 이 책은 아이들의 수준에 맞춰 너무 쉽게 풀어서 이야기하지는 않되, 명확하고 직접적이며 힘을 북돋는 대화식으로 내용을 전달한다. 그리고 훌륭한 삽화는 아이들이 이 책에 쉽게 접근할 수 있도록 돕는다. 이 같은 성공적인 조합으로 이 책은 어린이를 위한 자기계발 도서 목록에 새로이 중요한 자리를 차지하게 되었다.

빌 스틱스루드
(임상 신경심리학자, 『The Self-Driven Child』 공저자)

『어린이를 위한 그릿의 힘』은 불안감, 자기 회의self-doubt, 고립감, 우울, 낮은 자존감 등으로 힘들어하는 아이들을 위한 훌륭한 지침서다. 그릿을 찾아내고, 연습하고, 길러간다는 개념이 참으로 놀랍다. 실용적이고 흥미진진한 이 책에는 탁월한 아이디어와 수업 내용이 가득하다. 저자는 어린이들이 긍정적인 변화를 보여줄 역량이 있다고 자신 있게 말하는데, 이는 재미있는 인지행동적 접근법을 사용해 아이들을 돕는 면에서 발군의 실력을 보유한 데서 온 자신감이다. 획기적인 개념과 전략을 아낌없이 나눠준 저자에게 감사하다.

엘리아나 길
(트라우마 치료 및 교육을 위한 길 연구소 설립자 겸 선임 임상 연구 자문위원,
『가족놀이치료』, 『놀이의 치유하는 힘』의 저자)

엘리사 네볼신은 『어린이를 위한 그릿의 힘』이라는 훌륭한 결과물을 내놓았다. 이 책은 아이도, 부모도 모두 이해하기 쉽고 유익하다. 저자는 성장형 사고방식이나 회복탄력성 같은 복잡한 개념을 간단하고 실질적인 용어로 설명한다. 또한 감정 뇌과학의 기본을 이해하기 쉬운 비전문적인 방식으로 제시하고, 각각의 새로운 개념을 실제로 적용하여 새로운 기술을 개발하는 연습과 함께 다루고 있다. 아이들은 이 책을 통해 다른 기술을 기반으로 기술을 차곡차곡 쌓아 나가며, 삶에서 마주하는 일상적인 스트레스와 부담 앞에서도 자신을 잃지 않고 잘 헤쳐 나갈 수 있는 다양한 수단과 방법을 개발하게 된다. 『어린이를 위한 그릿의 힘』은 어린이를 위한 자기 계발 도서 목록에 추가할 탁월한 책이다.

게리 R. 밴덴보스
(미국 국립의료 심리학자 등록부 선임 전문 자문위원,
『Leaving It at the Office』의 공저자)

『어린이를 위한 그릿의 힘』은 뛰어난 책이다. 이 책은 아이에게도 부모에게도 큰 도움이 될 뿐만 아니라 매력적이고 흥미롭고 독자들에게 재미를 주는 책이다. 유익한 정보와 실제적인 대응 기법이 꽉 들어차 있고, 삽화와 도표는 각 장의 연습 내용과 글에 생기를 불어넣어 책에 힘을 실어준다. 『어린이를 위한 그릿의 힘』은 그릿 개발, 회복탄력성, 성장형 사고방식에 초점을 맞추고 있다. 이 책에 나와 있는 다양한 연습을 통해 아이들은 일상의 도전과 스트레스에 대처하는 기술을 배울 수 있다. 어린이를 접하는 전문가들은 각자의 특별한 접근법에 상관없이 이 책의 가치를 인정하게 될 것이다. 나 역시 아이들과 함께 상담에서 이 책을 활용하고 싶은 마음이 간절하다. 삶이 힘겨워질 때, 인내하고 회복할 수 있는 자녀의 능력을 키워주고 싶은 부모들에게 이 책을 추천한다. 최고다!

제인 안눈치아타
(심리학박사, 임상심리학자,
『Shy Spaghetti and Excited Eggs』의 공저자)

『어린이를 위한 그릿의 힘』은 부모, 교사, 보육 담당자와 같이 어린이를 늘 접하는 사람이라면 누구에게나 소중한 자료다. 이 책은 아이들이 사회성을 키우고 좋은 학업 성적을 거두고 스포츠 분야에서 실력을 발휘하는 등 삶의 모든 영역에서 잘 살아갈 힘을 갖추는 기술을 가르쳐주는 매우 명확하고 이해하기 쉬운 안내서다. 이 정보의 보물 창고를 놓치지 마시길!

베스 살세도
(의학박사, 미국 정신의학회 특별연구위원,
미국 불안 및 우울증 협회 전직 회장, 로스 센터 원장)

『어린이를 위한 그릿의 힘』은 다양한 근거에 기반한 실용적이고 중요한 여러 전략을 선보이는데, 이 전략은 아이들이 인내력, 균형감, 문제 해결 능력을 향상시키는 데 도움을 준다. 이 책에는 알아듣기 쉬운 설명과 흥미로운 삽화와 다양하게 구성된 놀이가 가득하기 때문에 어떤 어린이든 차근차근 그릿을 키워가며 큰 도움을 받을 수 있을 것이다.

메리 K. 앨보드
(심리학자, 『Conquer Negative Thinking for Teens』,
『Resilience Builder Program for Children and Adolescents』의 공저자)

나에게 가장 소중한 엘리, 라일리, 키키, 닉에게

차례

서문 ··· 10
부모님들 보세요 ··· 13
어린이들 보세요 ··· 17

- 연습 1 그릿을 소개합니다! ··· 20
- 연습 2 얼마나 끈기 있는 사람인가요? ··· 25
- 연습 3 그릿 수치 점검하기 ··· 28
- 연습 4 그릿이 제일 높은 사람 ··· 33
- 연습 5 그릿 찾기 ··· 37
- 연습 6 변화하는 뇌 ··· 40
- 연습 7 뇌에 대해 알아 봐요 ··· 44
- 연습 8 싸우기, 도망가기, 혹은 얼어붙기 ··· 49
- 연습 9 이름 붙여 다스리기 ··· 56
- 연습 10 생각과 감정: 절친일까요? ··· 59
- 연습 11 생각 알아채기 ··· 63
- 연습 12 다시 생각해 볼까요? ··· 68
- 연습 13 자기대화: 자기와 얘기를 나눠 봐요! ··· 74
- 연습 14 동기부여 만트라 ··· 79
- 연습 15 세 가지 P ··· 83

- 연습 16 **성장형 사고방식** ⋯ 91
- 연습 17 **사고방식 작동** ⋯ 95
- 연습 18 **감사하기** ⋯ 98
- 연습 19 **네 신발? 내 신발?** ⋯ 102
- 연습 20 **조명, 카메라, 액션!** ⋯ 107
- 연습 21 **관점 점검** ⋯ 111
- 연습 22 **무엇이 문제인가요?** ⋯ 116
- 연습 23 **SEE를 합시다!** ⋯ 120
- 연습 24 **그릿 작동** ⋯ 126
- 연습 25 **재충전!** ⋯ 132
- 연습 26 **조율하기** ⋯ 138
- 연습 27 **그라운딩** ⋯ 142
- 연습 28 **자연의 도움** ⋯ 145

계속해 봐요! ⋯ 152
감사의 글 ⋯ 155

서문

요즘 아이들은 포화처럼 쏟아지는 도전 과제와 마주하며 살아가느라 불안감과 우울감을 느끼는 비율이 늘어나고 있습니다. 학교에서든, 집에서든, 놀이터에서든, 여러 과외 활동을 하면서든, 아이들의 '그릿Grit'•이 좀 더 발휘된다면 매일 맞닥뜨리는 숱한 문제를 극복하는 데 도움이 될 수 있습니다. 저자 엘리사 네볼신이 이 탁월한 책에서 보여주는 바와 같이 아이들은 그릿을 무기 삼아 삶이 던져주는 문제를 처리할 뿐만 아니라 그릿을 단련하고 회복탄력성을 높이는 법도 배울 수 있습니다. 이 책은 아이들에게 그릿 능력을 개발하는 법을 배울 수 있다고 자신감을 심어주며 그 과정을 보여주는 것으로 시작합니다. 그런 다음 '그릿 키우기' 전략으로 돌입한 후, 아이들이 실생활에서 적용할 수 있는 실질적이고 효과적인 방법들로 마무리합니다. 이만큼 훌륭한 교재가 또 있을까요!

이 책은 실질적 근거에 기초한 인지행동치료Cognitive-Behavioral Therapy:CBT의 원리를 바탕으로 한 책입니다. CBT는 성인과 아동에게 심리적인 도움을 주기에 적합한 최적의 치료 방식으로 꼽힙니다. 나의 아버지, 의학박사 아론 T. 벡Aaron T. Beck은 1970년대에 CBT를 개발할 당시 내담자가 일련의 기술을 배우고 훈련한다는 관점을 바탕에 두었습니다. 그리고 수십 년 전에 아동에게 맞는 CBT 응용 버전이 나왔고, 아동을 대상으로 한 CBT의

● 그릿의 사전적 의미는 '투지, 기개, 근성, 용기, 집념'이에요. 미국의 심리학자 앤절라 더크워스가 개념화한 용어로, 성공과 성취를 끌어내는 데 결정적 역할을 하는 투지 또는 용기를 뜻해요. 즉, 재능보다는 노력의 힘을 강조하는 개념이에요.

효과를 뒷받침하는 연구는 오래전부터 진행되고 있으며 광범위한 영역에서 중요하게 다뤄집니다.

제가 인지행동치료를 처음 시작했을 때 학습장애가 있는 아이들을 가르쳤는데, 그중에 많은 아이들이 그릿이 부족했습니다. 그때 이 책으로 그 아이들을 도와줄 수 있었더라면 얼마나 좋았을까요. CBT와 그릿은 딱 맞는 짝꿍 같습니다. CBT의 핵심 이론은, 우리가 어떤 상황에서 부정적인 반응을 보이게 되는 이유가 상황 자체보다는 그 상황에 대한 우리의 지각perception에 있다는 것입니다. 가령, 스트레스를 받을 때 지각되는 것(즉, 머릿속에 떠오르는 생각)은 대개 부정확하거나 쓸모없는 것들입니다. 이런 생각을 바꾼다면 감정을 느끼는 방식, 나아가 행동하는 방식을 변화시킬 수 있습니다. 그릿은 끈기와 인내가 필요한 자질이며, 이러한 성향은 어떤 상황에서나 항상 자연스럽게 나오는 반응은 아닙니다. 상황에 대한 반응을 변화시키는 것, 섣불리 포기하지 않는 것, 설령 힘든 상황에서도 계속 나아가는 법을 배우는 것에는 노력이 필요합니다. CBT는 이러한 변화에 필요한 기술을 갖추게 하는 치료법이며, 이 책은 이런 중요한 개념을 아이들에게 적용하여 보여주는 책입니다.

이 책은 부모, 보호자, 교사, 치료사, 의료인은 물론 아이들을 접하는 누구에게든 중요한 자료입니다. 전달하는 바가 분명하고 이해하기 쉬우며 재미도 있습니다. 아이들은 이 책을 통해 그릿을 기르는 데 필요한 기술을 배울 수 있습니다. 흥미진진한 연습을 하나씩 해 나가면서 여러 기술을 습득하고 종합적으로 체화하게 됩니다.

  부모님들은 자녀와 함께 이 책을 읽고 같이 연습해 보길 권합니다. 아이가 어릴 때 이런 기술을 갖추는 법을 가르쳐준다면, 자녀가 현대사회의 예기치 못한 수많은 도전에 잘 대처하는 힘이 될 그릇을 든든하게 챙겨주는 셈입니다. 그리고 장담컨대 창의적인 아이디어와 전략이 들어찬 이 책은 아마 부모님에게도 개인적으로 도움이 되리라 생각합니다.

주디스 S. 벡(Judith S. Beck) 박사
(인지행동치료 벡 연구소 소장, 펜실베이니아대학교 정신의학부 심리학과 임상학 교수)

부모님들 보세요

여러분의 자녀는 어떤 아이인가요? 힘든 일을 마주했을 때, 너무 일찍 포기해버리나요? 정신적으로 쉽게 무너지나요? 그럴 때마다 특정한 사고방식이나 반응이 두드러지게 나타나나요? 그렇다면 이 책으로 도움을 받아보세요.

요즘 우리 아이들의 삶은 녹록지 않습니다. 학업에 쏟는 시간이 예전보다 늘어난 데다 정해진 과외 활동도 많아졌는데 뛰어놀거나 쉴 만한 자유 시간은 줄어들면서 아이들에게 부담이 가중되다 보니, 어린 세대들은 점점 늘어가는 스트레스와 도전 과제에 시달릴 수밖에 없습니다. 아이들은 학교생활도 잘하고 장차 성공하는 삶을 위해 대비해야 한다는 엄청난 압박감에 직면해 있는 것입니다.

끈기가 삶에 변화를 일으킨다는 건 이미 직관적으로 다들 알고 있습니다. 이제는 연구를 통해 이 사실이 증명되고 있습니다. 세계적으로 인정받는 심리학자이자 교수 겸 연구자인 앤절라 더크워스●의 연구를 비롯한 여러 연구에 따르면, 성공의 관건은 IQ나 재능이 아닙니다. 높은 성취도를 보이는 사람들에게 두드러지게 나타나는 점은 바로 '그릿'입니다. 다시 말해, 그들에게는 어려운 상황에서 끈질기게 일을 지속하는 능력이 있습니

● 앤절라 더크워스Angela Duckworth는 펜실베이니아대학교 심리학과 교수이자 베스트셀러 『그릿』의 저자예요. 저자는 이 책에서 '그릿', 즉 '장기적 목표를 향한 열정과 끈기'가 우리의 잠재력을 실현하게 해주는 원동력이라고 설명해요.

다. 그릿을 계발하면 성인이든 아동이든, 삶의 수많은 영역에서 보다 성공적인 결과를 얻을 수 있습니다. 부모가 그릿을 계발하면 자기 삶에서 더 많은 것을 성취하는 것은 물론, 자녀들에게 끈기와 회복력의 본보기도 됩니다. 그릿은 아이들이 혹시 상황이 힘들어지더라도 자신의 목표를 향해 끈기 있게 밀고 나가게 해주는 원동력입니다. 이는 곤란한 상황을 견뎌내고 노력을 요하는 결과물을 끝끝내 성취해내는 방식이기도 합니다. 그릿은 아이들이 좋은 성적을 얻는다거나, 목표로 하는 팀에 들어가거나, 멋진 만들기를 완성하는 등 자기가 원하거나 해야 할 어려운 일들을 꾸준히 해 나가는 핵심 비결입니다.

부모 입장에서는 되도록 자녀들이 순탄한 삶을 살아가길 바랍니다. 자식이 힘겨워하는 모습을 보고 싶어 하는 부모는 없습니다. 하지만 자녀가 어떤 곤란도 겪지 않도록 완벽하게 보호하는 것은 불가능한 일입니다. 부모가 자녀에게 너무 편안한 삶을 살게 해주려고 애쓰는 바람에 자녀가 생전 역경을 경험해 보지 않는다면, 이는 사실상 자식을 불리한 상황으로 몰아넣는 거나 다름없습니다. 살면서 맞닥뜨리는 장애물과 실망스러운 일을 긍정적으로 헤쳐 나가는 능력이야말로 올바른 정신 건강에 결정적인 역할을 합니다.

'근성 있다'는 게 반드시 타고난 특성일 필요는 없다니 다행입니다. 그릿은 아이들이(그리고 어른들도) 배워서 체화할 수 있는 것입니다. 아이들이 힘든 상황에서 다시 회복할 수 있고 장애물을 다른 시각으로 볼 줄 아는 새로운 능력을 계발하는 건 충분히 가능한 일입니다. 이 책에서 소개하는 재미

있고 흥미로운 28가지 연습은 아이들이 그릿을 키워 나가는 방법과 전략과 기술을 배우고 실행하는 데 도움을 줍니다. 이 책에는 구체적으로 다음과 같은 훈련이 포함되어 있습니다.

- **체력 키우기**: 잘 자고, 잘 먹고, 적당히 운동하고, 잘 쉬면서 몸과 마음의 건강 챙기기
- **관점 유지하기**: 상황을 정확히 파악하기, 좋은 선택과 가능성 찾아내기
- **낙관적인 사고하기**: 일이 뜻대로 풀리지 않을 때도 희망을 잃지 않기, 긍정적인 면을 찾는 두뇌 훈련하기
- **문제 해결하기**: 문제 확인하기, 가능한 여러 해결책 도출하기, 한 가지 해법 선택하기, 실행하기
- **변화에 대처하기**: 미지의 것과 불확실한 것에 대처하기, 예기치 못한 난관에서 회복하기
- **유연성 훈련하기**: 새로운 경험과 다양한 사고 받아들이기
- **자기 목소리 내기**: 자신이 원하는 것이나 필요한 것을 주장하기
- **좋은 관계 구축하기**: 나에게 버팀목이 되고 도움이 될 만한 사람들과 관계 맺기
- 기타 등등

자녀 혼자서 이 책을 활용해도 되고, 부모와 함께 연습해 볼 수도 있습니다. 필요하면 자녀가 이 웹 페이지(http://www.newharbinger.com/45984)에 있는

콘텐츠를 활용하도록 도와주세요.

  이 책에 실린 각 훈련은 서로 연관성을 띠고 있어 차근차근 해 나가도록 되어 있는데, 환기 차원에서 이전 주제로 돌아가거나 필요한 부분으로 곧장 넘어가도 무방하게 구성되어 있습니다.

  그릿은 인생길에서 만나는 구덩이를 모조리 피해 가는 비법이 아닙니다. 삶을 끌고 가는 견인력을 얻고 막힘없이 전진하는 것을 의미합니다. 유년기는 그릿을 습득하기에 이상적인 시기입니다. 이른 시기에 체득한 기술은 그만큼 더 수월하게 자연스러운 대처 반응으로 도출되니까요. 이 책을 통해 아이들은 물론, 그 아이들을 아끼는 어른들까지도 이 중요한 삶의 기술을 연마하는 데 필요한 여러 가지 방법을 배울 수 있습니다.

어린이들 보세요

　뭔가 내가 하기에는 너무 벅차서 도저히 할 수 없는 일이라고 느낀 적이 있나요? 다른 친구들은 그것을 하고 있고 심지어 쉽게 하는 것처럼 보이는데, 내가 막상 시도해 보면 엄청 시간도 오래 걸리고 불가능할 것 같나요? 계속해야 한다는 걸 아는 데도 포기하고 싶은 기분이 든 적이 있나요? 나 말고 모든 사람이 나보다 수월하게 해내는 것처럼 보인 적이 있나요? 그리고 왜 그렇게 느껴지는지 그 이유를 모르겠나요?

　만약 그런 적이 있다면, 이 책이 도움이 될 거예요. 이 책은 자신이 해야 할 일을 끈기 있게 해 나가고, 자기가 할 수 있는 일에 좀 더 자신감을 느끼고 싶은 어린이를 위한 책입니다. 힘든 일을 해낼 수 있다는 건 알지만, 가끔은 어떻게 하면 그 일을 계속할 수 있는지 방법을 찾는 데 어려움을 겪는 친구들을 위한 책이에요. 하고 싶은 일이나 해야 하는 일에 대해 생각은 하고 있지만 그걸 끝까지 해내는 방법을 모르는 어린이에게도 도움이 될 거예요. 즉, 이 책은 그릿을 키우고 싶은 어린이를 위한 책이랍니다.

　이 책은 더욱 끈기 있고 투지 넘치는 사람이 되는 데 필요한 기술을 익히도록 도와주는 길잡이 역할을 할 거예요. 이 책에서 가르쳐주는 여러 가지 기술은 차근차근 쌓여가는 방식이므로 첫 부분부터 시작해 순서대로 따라가는 게 가장 좋아요. 그 과정은 악기를 배워 나가는 것과 비슷하답니다. 우선 악기 잡는 법을 배운 다음, 소리 내는 법을 배우고, 다양한 음을 내는 법을 배우는 거예요. 그리고 마지막으로 여러 음을 조합해서 음악을 만드는 것이지요. 이 책의 활용 방식은 바로 이와 같아요. 서로 다른 모든 단계가 하나로 합쳐져 그릿 기술을 가르쳐줄 거예요.

그런데 모든 페이지마다 똑같은 시간을 들여 연습해야 할 필요는 없어요. 책을 쭉 따라가다 보면 자신이 어떤 부분은 이미 꽤 잘하고 있다고 느낄지도 몰라요. 또 어떤 부분은 정말 힘들다고 느낄 수도 있고요. 그럴 경우, 자기가 이미 잘 알고 있는 영역에서는 오랜 시간을 들일 필요가 없다고 판단하면 됩니다.

그릿은 규칙적인 연습을 통해 제일 잘 길러져요. 여러분이 이 책에서 배우는 기술은 일상생활 속에서 적용되어야 해요. 이 기술을 많이 연습하고 많이 배울수록 그릿이 점점 더 크게 자랄 거예요. 물론 이건 쉽지 않은 과정일 테지만 분명히 해낼 수 있어요. 노력한 보람이 있을 거예요. 열정적인 끈기가 발휘되면 섣불리 포기하지 않고 힘든 상황을 헤쳐 나가게 되거든요. 자신을 남들과 비교하고 남들처럼 되기를 바라기보다는 자기가 할 수 있는 것에 집중하고 내 안의 강인함을 느껴 보세요. 그릿을 기르면 자기 자신에 대해, 자기 능력에 대해 좋은 감정을 느끼게 된답니다.

이 책에 실린 연습법 중에는 웹 사이트에서 다운받을 수 있는 자료도 있어요. 부모님께 도움을 받아서 사이트에 가입해 자료를 다운받아 써 보세요. 책의 어려운 부분이 고민될 때는 누군가에게 도움을 요청해 보세요. 부모님, 담임 선생님, 상담사 선생님도 도와주실 수 있어요. 도움을 요청한다는 건 실제로 그릿을 기르는 데 중요한 부분이에요.

이 책을 끝낸다고 해서 산 정상에 거뜬히 오르고, 높은 건물에 올라갈 수 있을까요? 그렇진 않을 거예요. 그릿은 그런 게 아니거든요. 이 책을 끝낼 즈음에는 여러분은 투지와 근성과 열정이 최대치로 충전된 자기 자신이 되는 데 필요한 기술과 방법을 알게 될 거예요. 각자 그릿이 충만한 모습은 저마다 다르게 나타난답니다. 누군가는 예전에 매번 패배감을 안겨주던 어려운 숙제를 끝낼 수 있는 사람이 되어 있고, 누군가는 정말 배우고 싶었지만 너무 어렵다고 느꼈던 운동을 끈기 있게 배우는 사람이 되어 있고, 누군가는 뭔가 새로운 일이 잘 안 될 거라 단정 짓기보다 한번 시도해보는 사람이 되어 있을 거예요. 높은 건물에 올라가는 것보다야 그게 훨씬 낫잖아요.

명심하세요. 연습을 많이 하면 할수록 그릿이 점점 더 크게 자라날 거예요. 파이팅!

그릿을 소개합니다!

　시윤이는 학교 연극에 지원해 보고 싶었다. 주인공 역에 욕심이 났다. 그래서 시윤이는 많은 시간을 쏟아 주인공 역할을 연습했고, 모든 대사를 숙지했다. 과연 어떻게 됐을까? 안타깝지만 시윤이는 자신이 원하던 배역을 얻지 못했다. 대신 마을 주민 역할을 맡게 되었고, 대사는 고작 세 줄뿐이었다. 실망이 이만저만이 아니었다.

　그래도 시윤이는 포기하거나 그만두지 않았다. 연극에서 제일 멋진 마을 주민이 되겠다고 마음먹은 시윤이는 공들여 의상을 준비했고 매일 거울 앞에서 대사를 연습했다. 대사를 연습하면서는 우렁차게, 부드럽게, 웃기게, 심각하게 등등 이런저런 방식으로 시도해 봤다. 그리고 손짓과 몸짓도 다양하게 바꾸며 연습했다. 선생님은 시윤이의 연기력이 나날이 나아지고 있는 걸 느꼈다. 연극을 마친 후, 선생님은 시윤이에게 근처의 아동극단을 한번 알아보라고 권했다. 요새 시윤이는 연기 수업을 듣는다. 이제는 무대에 서는 시간이 서서히 늘어나고 있다. 시윤이가 보여준 것이 바로 '그릿'이다. 시윤이는 실망감이 들었을 때도 포기하지 않고 계속 나아갔다.

⭐ 알아두기

'그릿' 하면 왠지 웃긴 단어처럼 들리지만, 사실 우리가 배워서 얻을 수 있는 중요한 특성이에요. 그릿을 보여준다는 건 하기 어려운 무언가를 그만두지 않고 계속해 나간다는 뜻이랍니다. 포기하고 싶은 마음이 굴뚝같을 때도 말이죠. 앤절라 더크워스라는 심리학 박사는 오랫동안 그릿을 연구했는데, 그릿이 드러나는 아이들은 뭔가를 더 오랫동안 지속하고 자신이 노력하는 것에 기분이 좋아지는 경향을 보인다는 걸 알게 되었대요. 더크워스 박사는 우리가 그런 부분에서 능숙해지기 위해서는 반드시 타고난 재능이 필요한 건 아니라는 걸 증명했답니다.

우리 중에는 남들보다 그릿을 더 많이 갖고 태어난 것처럼 보이는 사람도 있지만 그건 중요한 게 아니에요. 불굴의 의지나 집념을 타고난 사람이 아니더라도 그릿을 키울 수 있어요. 그릿은 배울 수 있는 기술이거든요. 예를 들어 농구공을 드리블하거나, 동물을 그리거나, 필기체로 글을 쓰는 것처럼 배울 수 있는 거예요. 그릿에 대해 많이 알면 알수록, 그리고 많이 연습해 볼수록 더 끈기 있고 열정적인 사람이 될 거예요. 어떤 일을 계속해 나가고 포기하지 않는 것도 연습을 하면 실제로 더 능숙해질 수 있습니다. 힘든 상황을 헤쳐 나가고 계속 전진할 수 있다는 걸 스스로 알게 되면 기운이 나고 뿌듯해질 거예요.

시윤이는 그릿을 보여주는 훌륭한 본보기입니다. 여러분도 마찬가지예요. 이미 그릿을 실천하고 있잖아요! 예전에 포기하고 싶었지만 계속 뭔가를 해 나가던 때를 떠올려 보세요.

이런 적이 있지 않나요?

- 어려운 시험을 치르고 제출하기 전에 답을 꼼꼼히 확인해 본 적이 있지요?
- 정말 뛰고 싶지 않았지만 학교에서 달리기를 한 적이 있지요?
- 긴장이 되었는데도 모임에 참석한 적이 있지요?
- 겁이 났지만 연극이나 운동팀에 지원한 적이 있지요?

여러분이 그런 것들을 했을 때가 바로 그릿을 보여준 순간이었어요. 별로 대단한 것처럼 보이지 않을지도 모르지만, 사실은 대단한 것이랍니다. 하고 싶지 않은 것, 잘할 수 있겠다는 생각이 안 드는 것을 계속해 나가는 건 쉬운 일이 아니거든요. 계속 앞으로 나아가며 그만두지 않는 매순간, 자기 스스로 그릿을 점점 더 강하게 키워가는 거예요.

 연습하기

아래의 이야기를 읽어 보고, 어떤 아이가 그릿을 실천하고 있는지 골라 봐요.

유리는 이제 막 스케이트보드 타는 법을 배웠다. 아직 잘 타지는 못하지만 연습할 때마다 점점 실력이 좋아지고 있다. 스케이트보드를 타는 장소를 찾을 때 주의하는 편이고 항상 헬멧과 보호대를 착용한다. 그러던 어느 날, 유리는 도로의 튀어나온 부분에 부딪혀 중심을 잃고 바닥에 넘어지고 말았다. 다리를 긁혔지만 그렇게 심하게 다친 건 아니다. 나중에 멍이 들지도 모르지만 일단 보호대와 헬멧이 안전하게 지켜주었다. 엄마가 달려와서 괜찮냐고 묻는다. 유리는 "괜찮은 거 같아. 다리가 좀 아픈데 정말 별거 아니야. 나 계속 연습해도 돼?"라고 말한다.

정한이가 새로운 축구팀에 들어갔는데 코치님의 성질이 괴팍하다. 코치님이 모든 사람에게 언성을 높이는 모습을 보다 보니, 정한이는 매일 연습하러 가기가 점점 겁이 난다. 정한이는 아빠에게 축구팀을 관두고 싶다고 말한다. 아빠는 결정하기 전에 하루 이틀 정도 더 생각해 보는 게 어떻겠냐고 얘기한다. 정한이는 곰곰이 생각해 본 후에, 코치님에게 얘기하러 갈 때 아빠가 같이 가줄 수 있느냐고 묻는다. 정한이는 축구를 좋아하지만 코치님이 사람들에게 고함치는 방식은 싫다. 정한이의 아빠도 같은 생각이다. 그래서 둘은 함께 코치님에게 이야기하러 간다.

민규는 학교에서 실시하는 큰 시험을 치러야 한다. 그게 얼마나 중요한 시험인지 민규도 잘 알고 있고 걱정도 많이 된다. '답을 모르면 어쩌지?' '시험을 망치면 어쩌지?' 민규가 첫 번째 문제를 읽는다. 걱정이 더 크게 불어난다. '뭘 써야 할지 모르겠어.' 두 번째 문제를 읽는데 똑같은 일이 벌어진다. 심장이 쿵쾅대는 게 느껴진다. '보나마나 시험을 망치겠구나.' 그냥 찍기라도 해서 빨리 끝내버리고 싶은 마음이 굴뚝같다. 어차피 망칠 건데 뭐 하러 애를 써야 하지? 하지만 민규는 심호흡을 한 후 최선을 다하기로 마음을 다잡는다. 문제 하나하나 최선을 다해 풀고 답을 적는다.

세 명을 모두 골랐나요? 그랬다면 아주 잘했어요. 이 아이들은 모두 그릿을 보여주는 사례랍니다. 때때로 그릿은 뭔가 대단하고 확실한 모습으로 드러나기도 하고, 때로는 크게 눈에 띄지 않거나 사소한 모습으로 나타나기도 해요. 그렇지만 위의 세 가지 경우에서 아이들은 자기가 원하는 것, 또는 해야 하는 것을 계속해 나가는 방법을 찾아냈어요.
  그릿에 대해 더 많이 배워가다 보면 자기 자신의 모습과 남들의 모습 속에서 그릿을 잘 찾아내게 될 거예요.

얼마나 끈기 있는 사람인가요?

수지는 미친 듯이 화가 났다! 축구 경기는 지고 말았지, 정강이 보호대는 어디 갔는지 찾을 수가 없지, 몸은 기진맥진한 데다 열도 식질 않았다. 부모님은 빨리 집에 가서 이모의 생일파티를 준비해야 하니 차까지 얼른 가라고 재촉했다. 수지는 터져버리고 말았다. 버럭 소리를 지르다가 급기야 울음을 터뜨렸다. 그 순간 수지는 자기 안의 그릿 같은 걸 느낄 새가 없었다. 사실 수지는 끈기와 관련해서 고생할 때가 상당히 많다. 뭔가를 포기하지 않거나 격한 감정에 휘둘리지 않기가 너무 힘들다.

⭐ 알아두기

우리 중에는 그릿을 더 많이 타고난 사람도 있고 그렇지 않은 사람도 있어요. 지금 당장 부족해도 괜찮아요. 우리 몸의 근육을 키우는 것과 똑같은 방식으로 뇌 속에 그릿을 키우면 되거든요. 근육을 더 강화하고 싶으면 무엇을 해야 할까요? 팔 근육을 키우려면 팔굽혀펴기를 하면 되겠지요. 다리에 근력을 키우려면 줄넘기를 시작해도 되고요. 그릿을 키우는 것도 이와 똑같은 식으로 할 수 있답니다. 연습과 노력이 필요하다는 말이지요.

★ 연습하기

요즘 자신의 그릿 수치가 어느 정도인지 알아보기 위해 아래 표를 작성해 봐요. 맨 왼쪽 줄의 각 문장에 해당하는 점수를 골라 봐요. 예를 들어, 도전을 전혀 즐기지 않는다면 '전혀 그렇지 않다' 란의 0을, 모든 도전 앞에 굉장히 신이 나는 사람이라면 '매우 그렇다' 란의 3을 고르세요.

각 세로줄의 맨 아래에 점수를 합산한 뒤, 총합 4개를 전부 더하면 전체 합계가 나옵니다.

	전혀 그렇지 않다	약간 그렇다	그렇다	매우 그렇다
도전을 좋아한다!	0	1	2	3
시작한 일을 끝내기가 힘들다.	3	2	1	0
어려운 과제를 완수하는 걸 즐긴다.	0	1	2	3
어떤 것에 실패하면 포기하거나 그만두고 싶다.	3	2	1	0
부모님과 선생님이 내가 아주 열심히 노력한다고 말한다.	0	1	2	3
연습은 별 가치가 없다. 도움이 되는 것 같지 않다.	3	2	1	0
합				
총합				

자기가 고른 답을 살펴볼까요. 총합이 16점 이상이면 이미 그릿 수치가 높은 거예요. 그렇다고 그릿을 더 키울 수 없다는 뜻은 아니에요. 이 책은 여러분이 그릿을 한층 더 키울 수 있도록 도와줄 테니까요!

총합이 15점 이하라면 그릿이 자신에게 다소 힘든 과제일 수 있다는 뜻이에요. 그래도 괜찮아요. 이 책으로 꾸준히 훈련을 해 나가면서 그릿을 키우는 준비를 해 봐요.

각자 점수가 얼마였든 간에 일단 이 책을 시작했다니 정말 잘했어요!

그릿 수치 점검하기

연습 3

승재는 힘겨운 한 주를 보냈다. 월요일에는 학교에서 수학 문제 풀이 방법이 도통 이해가 되지 않는다고 교실을 박차고 나가버리는 바람에 크게 혼이 났다. 화요일에는 집에서 수학 숙제를 하지 않으려고 해서 문제가 생겼다. 너무 힘들어서 도저히 못 하겠다고 엄마에게 말씀드릴 수밖에 없었다. 그러다 수요일에는 마음을 고쳐먹고 수학 문제 푸는 법을 배워 봐야겠다고 다짐했다. 승재는 보충수업을 받으러 수업 전에도 선생님을 찾아가고 점심 시간에도 찾아갔다. 문제 풀이가 이해될 때까지 끈기 있게 매달렸다.

★ 알아두기

그릿 수치가 늘 10점 만점으로 유지되는 사람은 없습니다. 승재는 주초에는 그릿 수치가 그리 높아 보이지 않았는데, 수요일에는 굉장히 강한 의지를 보여줬잖아요. 원래 그릿 수치는 바깥 기온처럼 오르락내리락하는 법이에요. 우리는 기상 캐스터가 기온을 예측하듯 정확하게 그릿 수치를 예측

할 수는 없지만, 열정적인 끈기가 쉽게 발휘될 때와 그렇지 않을 때가 언제인지는 알 수 있답니다.

다음 그림은 '그릿 측정계'예요. 자신의 그릿 수치를 측정하는 온도계처럼 활용해 보세요. 그릿 수치를 쭉 관찰해 보면 자신이 제일 끈기 있게 뭔가를 해낼 때가 언제인지, 투지를 끌어내기 위해 좀 더 노력해야 할 때가 언제인지 알게 될 거예요. 그릿 수치에 주의를 기울일수록 자신이 어떤 부분을 더 키워야 할지 잘 파악할 수 있어요.

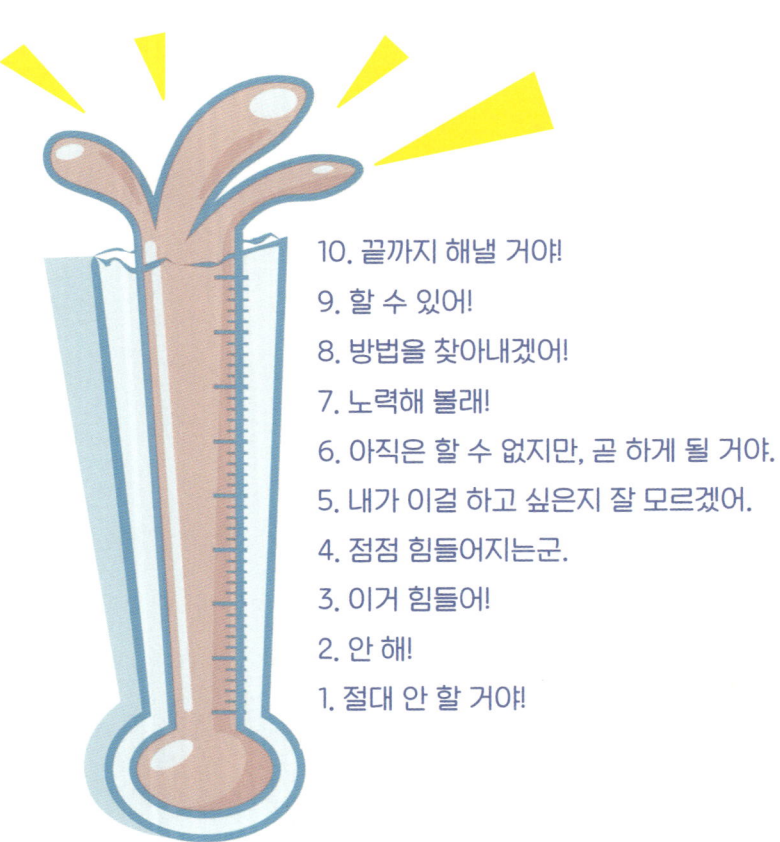

10. 끝까지 해낼 거야!
9. 할 수 있어!
8. 방법을 찾아내겠어!
7. 노력해 볼래!
6. 아직은 할 수 없지만, 곧 하게 될 거야.
5. 내가 이걸 하고 싶은지 잘 모르겠어.
4. 점점 힘들어지는군.
3. 이거 힘들어!
2. 안 해!
1. 절대 안 할 거야!

✦ 연습하기

그릿 측정계를 한번 사용해 봐요. 이런 식으로 하면 돼요. 만일 승재가 교실을 박차고 나가버린 월요일의 그릿 수치를 매긴다면 1("절대 안 할 거야!")에 해당할 거예요. 숙제를 안 하겠다고 한 화요일은 아마 2("안 해!")쯤 되겠지요. 그런데 수요일에는 선생님에게 도움을 요청했고 수학 풀이가 이해될 때까지 자신을 밀어붙이며 열심히 노력했으니 그릿 수치가 10("끝까지 해낼 거야!")이었어요. 보다시피 월요일부터 수요일까지 사흘 동안 승재의 그릿 수치에 상당한 변화가 있었네요.

그럼, 이번 주에 나의 그릿이 발휘된 때가 언제였는지 한번 생각해 보세요. 체육 시간에 윗몸일으키기를 30개 했다거나, 숙제로 나온 단어를 빠짐없이 다 외웠다든가 했을 거예요. 그릿 측정계를 써서 그날그날 나의 그릿 수치에 가장 들어맞는 숫자를 고르면 돼요.

그릿 수치:

이제는 이번 주에 뭔가를 계속 해내기가 너무 힘들다고 느낀 게 언제였는지 떠올려 보세요. 예를 들어 시험 성적이 기대보다 낮게 나왔다거나, 쉬는 시간에 친구들이랑 게임을 하다가 제일 먼저 아웃된 일들이 있겠지요. 창피해 할 것 없어요! 사람마다 어떤 일은 남들보다 더 어렵게 겨우 해내기도 하고 또 어떤 일은 남들보다 더 수월하게 해내기도 해요. 다들 그렇답니다. 이번 주에 자신이 언제 그릿을 별로 발휘하지 못했는지 생각해 보세요. 이제 그릿 측정계에서 그 순간의 점수를 매겨 봐요.

그릿 수치:

자, 이제 그릿 측정계의 사용법을 이해했으니 한 주 동안 이 측정계를 써서 그릿 수치를 확인해 보세요.

그릿 수치를 점검해 보기 위해 아래 내용을 적어 봐요.

- 그때 일어난 일 _____

- 그릿 측정 수치 _____

- 그때 머릿속에 스쳐간 생각 _____

다음 장의 표를 사용하면 위의 내용을 정리해 볼 수 있어요. 여기(http://www.newharbinger.com/45984)에서 양식을 다운받아 써도 되고요. 다른 사람의 도움을 받아도 괜찮아요!

요일/시간	상황 (어떤 일이 있었는지 적기)	그릿 측정 수치	당시에 든 생각
일요일 저녁 먹을 때쯤	숙제를 끝내야 했는데 하기가 싫었다. 그래도 딱 앉아서 숙제를 했다.	8	'넌 할 수 있어. 그냥 어서 끝내버리자.'

그릿이 제일 높은 사람

　지훈이는 반에서 키가 제일 작았다. 사실 학년 수준에서 보면 전체 반에서 제일 작은 아이였다. 키 때문에 지훈이는 운동선수가 되긴 힘들다고 생각한 사람이 수두룩했다. 그렇지만 지훈이의 키는 그릿 수준하고 아무 상관이 없었다.

　지훈이는 축구팀에서 뛰었다. 같은 팀의 다른 아이들은 지훈이보다 몸집도 크고 힘도 더 셌다. 그는 자기의 키를 바꿀 수 없다는 건 알았지만 축구팀에서 제일 발이 빠르고 공을 잘 다루는 선수가 되기로 마음먹었다. 지훈이는 날마다 연습을 하면서 자신의 약점을 보완하는 데 집중했다. 드디어 지훈이의 고된 노력이 결실을 맺었다. 그는 교내에서, 그리고 자기 팀에서 인기 만점 스트라이커가 되었다. 지훈이는 키가 작았지만 근성은 누구에게도 뒤지지 않았다!

　"겉모습만 보고 판단하지 말라"는 말을 들어 본 적이 있을 거예요. 여러

분도 이미 알다시피, 누군가 겉으로 드러나는 모습만 보고는 그 사람의 내면에 얼마나 강한 투지와 끈기가 있는지 확실히 알 수 없답니다. 어떤 사람은 강인해 보이는 어마어마한 근육을 장착하고 있지만, 그렇다고 힘든 상황에서 포기하지 않을 거라는 보장은 없어요. 또 어떤 사람은 수줍음이 많거나 조용해 보이지만, 남들이라면 피했을 일들을 진득이 해 나가기도 해요. 그릿은 겉으로 어떻게 보이느냐가 아니라 어떻게 생각하고 행동할지 선택하는 것과 관련되어 있어요.

★ 연습하기

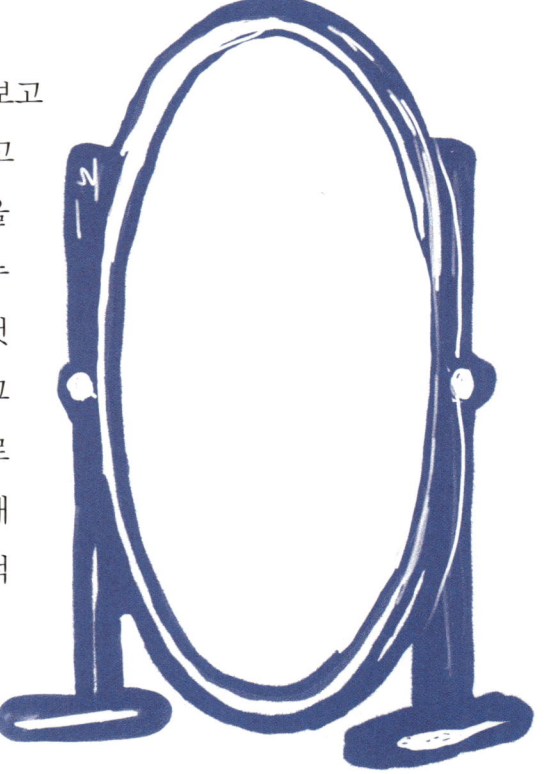

동화 『백설공주』에서 마녀가 거울을 보고 "이 세상에서 누가 제일 아름답지?" 하고 묻는 장면이 기억나나요? 만약 마술 거울에게 세상에서 제일 끈기 있는 사람이 누구인지 묻는다면 누구라고 얘기해줄 것 같나요? 여러분이 생각하기에 누구의 그릿이 최고일까요? 여러분이 개인적으로 잘 아는 사람이 아닐 수도 있어요. 그래도 괜찮아요. 자기가 고른 사람이 내면적으로 끈기와 투지가 가득한 사람이면 돼요. 그게 제일 중요하거든요!

자기가 생각하기에 제일 끈기 있고

근성 넘치는 사람의 이름을 거울 안에 적어 보세요. 그리고 그 사람의 이름 아래에다 무엇이 그를 내면적으로 끈기 있는 사람으로 만들어주는지 설명하는 단어나 그림을 간략하게 써넣어 보세요. 명심하세요. 그릿은 겉으로 드러난 우람한 근육처럼 보이는 그런 게 아니에요!

 더 연습하기

열정적 끈기가 최고조로 높아지면 기분이 어떻게 달라질까요? 그릿이 최고조일 때, 어떤 기분이 들지 아래에서 골라 보세요.

용기 brave

들뜸 excited

행복 happy

강인함 strong

기쁨 joyful

두려움 scared

만족감 satisfied

결연함 determined

희망 hopeful

자신감 confident

불확실함 uncertain

긴장 nervous

걱정 worried

뿌듯함 proud

열정 enthusiastic

이번에는 다른 종이에 자기가 고른 단어를 적어 보세요. 그 단어의 감정을 느끼면서 적어 보세요! '강인함'을 골랐다면 그 단어에다 울끈불끈한 근육을 몇 개 그려 넣을 수도 있어요. '행복'을 골랐다면 그 단어에서 햇빛이 뻗어 나가는 식으로 꾸며 볼 수 있고요. 아래 그림은 '용기'라는 단어를 사용해서 만든 예시입니다(영어로든, 한글로든 원하는 대로 적어 보세요).

연습 5

그릿 찾기

지수는 분홍색을 좋아한다. 신발도 분홍색, 옷도 분홍색, 모든 게 분홍색이다. 그러다 도로에 분홍색 차가 없다는 걸 깨닫자 몹시 실망스러웠다. 분홍색 자동차가 없는 세상이라니 말이 돼? 그때부터 지수는 과연 정말로 분홍색 자동차가 없는지 예의 주시했다. 그런데 웬걸! 온 사방에서 분홍색 차가 눈에 띄기 시작했다. 그저 제대로 찾아보기만 하면 해결될 문제였다.

★ 알아두기

그릿도 마찬가지랍니다. 그릿은 크고 확실하게 드러나기도 하고 보일락 말락 하기도 해요. 말하자면 때론 그릿이 금세 눈에 들어오기도 하고, 때론 그릿을 찾기 위해 눈을 부릅뜨고 살펴봐야 한다는 뜻입니다. 그런데 일단 그릿을 찾기 시작하면 점점 더 많이 눈에 띄게 되어 결국에는 온 사방에서 볼 수 있답니다. 더 다행인 건, 우리 주변의 그릿을 감지하면 자신의 그릿을 키우는 데 실제로 도움이 된다는 사실이에요. 그릿을 더 많이 보면 볼수록 자신의 그릿 수치가 높아질 가능성도 커지거든요. 이런 기술을 '그릿 찾기'라고 부릅니다.

그릿 찾기는 사실 재미있는 놀이 같아요. 예를 들어 다람쥐가 먹이통에서 먹이를 꺼낼 때까지 절대 포기하지 않는 모습에서 그릿을 발견하거나, 여동생이 자전거 타는 법을 배우겠다고 야무지게 결심하는 모습에서도 그릿을 발견할 수 있어요. 그릿은 우리 주변 어디에나 있어서 일단 살펴보기 시작하면 온 사방에서 확인하게 될 거예요!

★ 연습하기

제자리에, 준비, 땅! 그릿 찾기 시작! 그릿 탐색 결과를 작성하기 위해 다음 표를 이용해 보세요. 여기(http://www.newharbinger.com/45984)에서 다운받아서 써도 되고요. 혼자서 그림을 그리거나 글을 써 보세요. 물론 누군가에게 도움을 구해도 된답니다.

· 그릿 찾기 ·

학교에서 발견한 그릿

나는 우리 반 친구가

_____
_____
_____
_____

했을 때 그릿을 보여주는 모습을 봤다.

우리 가족이 보여준 그릿

나는 우리 가족이

_____
_____
_____
_____

했을 때 그릿을 봤다.

자연에서 발견한 그릿

나는 자연에서

_____
_____
_____
_____

했을 때 그릿을 봤다.

나한테 있는 그릿

내가

_____
_____
_____
_____

했을 때 그릿이 드러났다.

변화하는 뇌

찍찍이는 쥐예요. 그가 사는 우리 안은 퍼즐과 책과 암벽 등반용 홀드 같은 것으로 가득합니다. 찍찍이는 날마다 새로운 활동을 하며 움직이고 퍼즐을 푸느라 여간 바쁜 게 아니랍니다.

털털이도 쥐예요. 그가 사는 우리 안에는 별 게 없어요. 털털이는 비디오 게임 말고는 딱히 뭘 하지 않는 편이에요. 만약 유튜브가 있다면 털털이는 소파에 늘어져서 하루 종일 유튜브나 볼 것 같네요.

놀라운 사실을 하나 알려줄까요? 찍찍이의 뇌가 털털이의 뇌보다 무게가 더 많이 나간답니다. 찍찍이의 뇌는 신경 연결망이 더 많아서 털털이의 뇌보다 더 무거운 거예요. 찍찍이는 여러 가지 활동을 통해 스스로 신경 연결망을 많이 만들어냈어요. 신체적으로나 정신적으로 자신에게 도전이 되는 여러 가지 방식을 시도하면서 두뇌를 엄청나게 많이 쓰다 보니 스스로 더 똑똑해진 셈이지요.

두뇌를 써서 더 똑똑해질 수 있는 동물이 쥐만 있는 게 아니에요. 인간도 마찬가지랍니다. 지능은 실제로 높아질 수 있어요. 과거에는 지능도 사람의 키나 눈 색깔처럼 고정되어 있어서 더 똑똑해지는 건 불가능하다고 생각했어요. 그런데 그 생각이 잘못됐다는 걸 과학자들이 밝혀냈답니다. 우리가 두뇌를 자극하는 뭔가를 하면서 더 똑똑해질 수 있다는 것도 알아냈지요.

우리의 두뇌는 마치 근육처럼 훈련과 자극과 반복을 통해 더 강해집니다. 어려운 정보를 습득하도록 자기 자신을 밀어붙이고 끈질기게 노력할수록 우리의 두뇌는 더 많은 것을 배우게 돼요.

 **연습하기**

아래의 질문에 대한 답을 '예'나 '아니오'로 적어 보세요.

_____ 스케이트보드를 정말 잘 타는 친구를 생각해 보세요. 그 친구의 모습을 떠올려 봐요. 그 친구가 스케이트보드를 갖고 다니는 모습이 자주 보이나요?

_____ 음악성이 아주 뛰어난 친구를 생각해 보세요. 그 친구의 모습을 머릿속에 그려 봐요. 그 친구는 연습을 많이 하나요?

_____ 체조를 정말 잘하는 친구를 생각해 보세요. 그 친구를 떠올려 봐요. 볼 때마다 옆돌기를 하고 있는 것 같지요?

_____ 책을 정말 많이 읽는 친구를 생각해 보세요.

그 모습을 머릿속에 그려 봐요. 지금 그 애를 딱 보면 손에 책을 들고 있겠지요?

_____ 루빅큐브를 맞추는 데 선수인 친구를 생각해 보세요. 그 애를 생각하면 손에 큐브를 쥐고 있는 모습이 떠오르나요?

위의 질문 대부분에 '예'라고 적었나요? 그렇다면 여러분은 훈련과 학습과 기술 사이의 연관성을 알고 있는 거예요. 만약 털털이가 항상 소파에만 붙어 있다면 스케이트보드 대회에서 상을 탈 일은 절대 일어나지 않겠지요. 뭔가를 더 잘하려면, 그리고 우리의 두뇌를 더 강화하고 두뇌의 무게를 높이려면 반드시 훈련이 필요해요.

뇌에 대해 알아 봐요

★ 알아두기

 찍찍이와 털털이 둘 다 학습 능력과 연결망 구축 능력을 갖춘 뇌를 갖고 있어요. 우리의 뇌도 마찬가지랍니다! 그러면 두뇌의 작동 방식에 대해 더 배워 볼 준비가 되었나요?

 인간의 뇌는 기니피그●만 할까요, 햄스터만 할까요, 고양이만 할까요? 기니피그를 생각했다면, 정답입니다! 인간의 두뇌 무게는 1.5킬로그램 정도거든요. 아쉽게도 우리의 뇌는 기니피그처럼 귀엽게 생기진 않았지만……

 실제 뇌의 사진을 본 적이 있나요? 우리의 뇌는 울퉁불퉁한 회색빛 덩어리 같아요. 그다지 예쁘게 생기진 않았어도 하는 일은 꽤 멋지답니다! 그릿을 기르는 데 중요한 역할을 하는 뇌의 두 부분을 편도체와 전전두엽 피질이라고 불러요. 단어를 들으면 뭔가 엄청나고 복잡한 것 같은데, 가령 이걸 어떤 동물이라 치고 살펴보면 훨씬 잘 이해될 거예요.

● 기니피그의 무게는 0.8~1.5kg, 햄스터 무게는 130~180g이에요.

편도체부터 시작해 봐요. 강아지 그림을 보세요. 이제 이 아이를 편도체 편돌이라고 부를게요. 편돌이는 여러분에게 가장 좋은 것만 주고 싶어 하고 여러분을 안전하게 지켜주려고 밤낮으로 애쓰는 착한 강아지예요. 안타깝게도 편돌이는 자기 임무를 충실히 수행하고 싶은 마음이 간절해서 때로는 너무 심하게 짖어대고 바보 같은 이유로 과민반응을 보이기도 합니다.

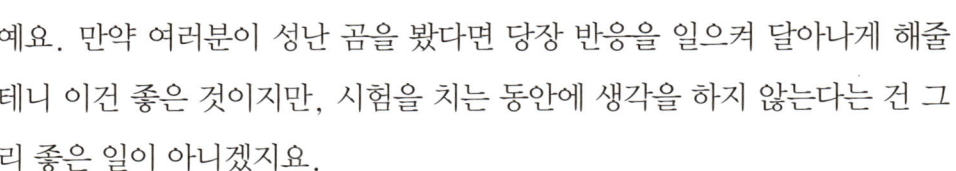

편도체 편돌이는 실제 위험(예: 성난 곰)과 일시적인 스트레스(예: 중요한 시험) 사이의 차이를 구분하는 걸 힘들어 해요. 편돌이는 일단 짖기 시작하면 극도의 보호 모드에 돌입합니다. 생각은 하지 않고 그냥 반응만 하는 거예요. 만약 여러분이 성난 곰을 봤다면 당장 반응을 일으켜 달아나게 해줄 테니 이건 좋은 것이지만, 시험을 치는 동안에 생각을 하지 않는다는 건 그리 좋은 일이 아니겠지요.

전전두엽 피질 두엉이는 우리가 배우게 될 뇌의 또 다른 부분입니다. 두엉이는 지혜로운 부엉이인데, 문제를 해결하고 결정을 내리고 조언을 해주는 데 탁월한 능력이 있어요.

우리가 시험을 치고, 새로운 기술을 배우고, 깊은 사고를 요하는 무언가를 할 때 필요한 아이가 바로 두엉이입니다. 두엉이는 현명하고 체계적이고 책임감이 아주 뛰어나요. 우리가 차분하게 평정심을 유지하고 있을 때는 전전두엽 피질 두엉이가 제 할 일을 하고 있는 것이랍니다.

　우리는 두엉이가 제 역할을 잘 해내길 바라지요. 두엉이는 우리가 숙제를 하도록 관리해주고, 공부한 것을 기억하도록 도와줘요. 다른 사람들을 공손하게 대하고, 계획적으로 생활하고, 뭐든 더 나은 결정을 내리도록 도와주고요. 전전두엽 피질 두엉이는 그릇에 꼭 필요한 아이예요. 우리가 순조롭게 자기의 길을 가도록 해주니까요. 편도체 편돌이는 방울뱀을 피해야 하는 상황처럼 심각한 위험에서 큰 도움을 주는데, 두엉이는 깊은 생각을 하는 전략가 역할을 합니다. 다음 그림에서 보다시피 편돌이와 두엉이는 우리의 뇌에서 서로 다른 자리에 살고 있어요.

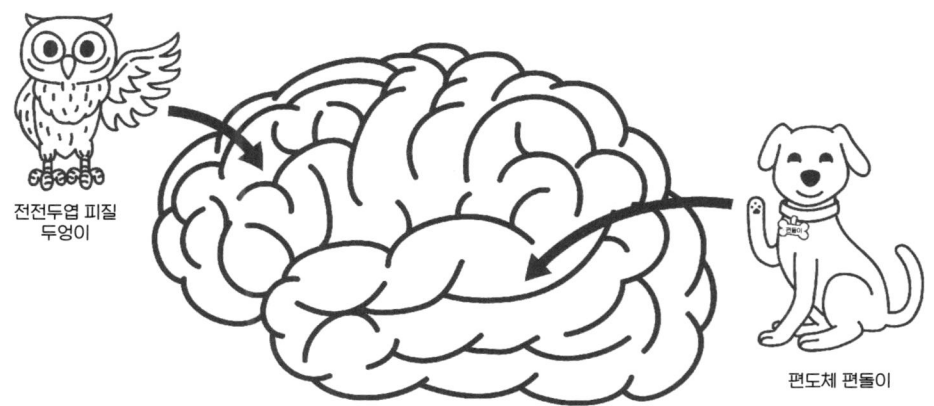

　전전두엽 피질 두엉이는 우리가 뇌에 변화를 일으키도록 도와주는 실력이 아주 뛰어나요. 연구 결과를 보니 우리가 도전에 나설 때 뇌가 가장 큰 변화를 보인대요. 실제로 두엉이는 우리가 실수를 하고 그 실수를 통해 뭔가를 배우는 걸 좋아해요. 두엉이는 새로운 정보를 배우는 데 최선을 다해서 실제로 우리의 뇌를 더 강하게 만들어준답니다. 찍찍이랑 털털이의 예를 기억하지요?

 연습하기

아래의 각 문장이 맞으면 '참', 틀리면 '거짓'이라고 적어 보세요.

_____ 우리 뇌의 무게는 대략 기니피그와 비슷하다.

_____ 전전두엽 피질은 의사결정을 담당한다.

_____ 편도체는 일종의 감시견 역할을 한다.

_____ 우리의 뇌는 변화할 수 있다.

_____ 도전적인 활동이 우리의 뇌를 강하게 만들어준다.

위의 문장에 전부 '참'이라고 답했나요? 아주 잘했어요. 두뇌가 어떻게 작동하는지 이렇게 배워가는 거예요. 여기서 말하는 내용이 간단해 보이지만 사실 어른들 중에도 우리의 두뇌가 어떻게 변화할 수 있는지, 어떻게 강해지는지 모르는 사람이 많아요. 예전에는 인간의 두뇌가 고정되어 있다고 생각했거든요. 그런데 알고 보니 우리의 뇌는 계속 변화하고 있어요. 특히 어릴 때 말이에요.

연습 8

싸우기, 도망가기, 혹은 얼어붙기

★ 알아두기

　지금 자신에게 위험한 상황이 닥쳤다고 상상해 보세요. 커다란 이빨을 드러낸 거대한 호랑이가 지금 이 순간 나를 향해 곧장 달려오고 있어요! 책상에 앉아 숙제를 시작할 건가요, 아니면 당장 도망갈 건가요? 당장 도망가세요!

당연히 곧바로 뛰기 시작해야지요. 편도체 편돌이는 여러분을 안전하게 지키고 싶거든요. 편돌이는 이 급박하고 위험한 상황에서 살아남는 게 숙제보다 더 중요하다는 걸 알고 있어요. 이때 편돌이는 두엉이가 끼어들 틈을 절대 주지 않아요. 편돌이는 어떤 정보도 두엉이에게 전달되지 않도록 막을 겁니다. 곰곰이 호랑이 생각에 잠겨 있을 때가 아니거든요. 절대로. 지금은 우리가 살아남기 위해 필요한 일을 할 때라고요.

편돌이가 판단하기에 우리가 곤경에 처해 있다면 편돌이는 우리 안의 경보 버튼을 누르고 재빨리 짖기 시작합니다. 이런 소음과 행동이 우리 신체에 신호를 보내고, 그 신호는 우리 몸이 다음 세 가지 중 한 가지 조치를 취할 준비를 하게 만듭니다.

- 자신을 보호하기 위해 반격해.
- 위험을 피해 도망가. 당장!
- 눈에 띄지 않게 제자리에 가만 있어.

아마 들어 본 적이 있는 내용일지도 모르는데, 이런 것을 '투쟁-도피 반응fight or flight response'이라고 합니다. 최근에는 투쟁-도피-경직fight, flight, or freeze 반응이라고 불러요. 세 번째 반응 방식도 있다는 걸 알아냈거든요. 두 가지 이론 모두 우리가 위험에 직면할 때 뇌가 어떻게 우리를 보호하는지를 설명해줍니다.

흥미로운 정보를 하나 알려줄게요. 만약 잠을 충분히 못 자거나 너무 배가 고프면 우리의 뇌가 과민반응을 보일 수 있답니다. 바로 우리의 친구 편도체 편돌이가 이런 과민반응을 일으키는 거예요. 예를 들어, 여러분이 너무 피곤하면 편돌이는 이렇게 생각하겠지요. '오늘 이 녀석이 진짜 피곤해. 그러니까 기운이 좀 없겠군. 그래, 문제가 생기면 내가 과민반응을 해서 이 아이를 도와줄 거야. 나는 그런 식으로 이 친구를 안전하게 지켜줄 테야. 무슨 일이든 벌어지면 미친 듯이 짖어주겠어.'

편돌이는 도와주려고 애쓰는데 만약 우리의 뇌가 너무 불안정하면 편돌이가 제 기능을 다하기가 어려워요. 배가 고프거나 운동이 부족해도 마찬가지예요. 그럴 때 편돌이는 한층 더 방어적으로 굴고, 크게 반응할 필요가 없는 상황에서 과민반응을 일으키거든요.

이런 게 문제예요. 편도체 편돌이가 경보를 울리기만 할 뿐 정작 정보를 두엉이에게 제대로 전달하지 않으니까요. 편돌이가 나무 주위를 빙빙 돌며 짖어대는데, 두엉이는 지금 무슨 일이 벌어지는지 볼 수도, 들을 수도 없는 상황입니다. 그리고 두엉이가 지금 상황을 말할 수 없다면, 두엉이는 이 상황에 대해 우리가 심사숙고하도록 도와줄 수도 없어요. 우리가 어떤 상황을 거뜬히 헤쳐 나가려면 두엉이의 지혜와 깊은 생각이 필요한데 말이에요.

그릿을 키우기 위해서 우리는 편돌이가 진정하는 법을 배우도록 도와줘야 해요. 편돌이가 마음을 가라앉혀서 두엉이가 다시 눈과 귀를 열어 상황을 파악하게 해줘야 하거든요. 두엉이가 차분하고 논리적으로 반응하도록 도와주는 게 우리가 할 일이랍니다.

⭐ 연습하기

편도체 편돌이가 이제 그만 짖고 과민반응을 보이지 않게 하는 가장 좋은 방법은 의외로 간단합니다. 진정하는 거예요. 만약 여러분이 몸을 진정시키면 편도체 편돌이도 같이 진정할 테고, 중요한 정보가 전전두엽 피질 두엉이에게 전달될 겁니다. 특별한 호흡법으로 도움을 받으면 편돌이가 차분해져서 전전두엽 피질 두엉이에게 제 몫을 다할 기회를 줄 수 있답니다.

박스 호흡•은 특별히 효과가 좋은 방법이에요. 한번 따라 해 보세요!

1. 입으로 천천히 숨을 내쉰다. 가능한 한 공기를 전부 내뱉는다.
2. 코로 천천히 숨을 들이마신다. 넷까지 세면서 숨을 들이마신다.
3. 4초 동안 숨을 참는다.

● Box Breathing 사각 호흡, 사방 호흡이라고도 해요. 스트레스 해소제로 효과 만점이고, 심신 기능과 집중력을 높일 수 있어요.

4. 4초 동안 입으로 천천히 숨을 내쉰다.

이렇게 숨을 쉬는 게 조금 힘들긴 해요. 천천히 숨을 내쉬기도 힘들고, 천천히 숨을 들이마시기도 힘들어요. 연습이 좀 필요할 수도 있지만, 지금까지 잘 따라왔으니 이제 힘든 것도 해낼 수 있다는 걸 스스로 잘 알고 있잖아요! 그러니까 연습해 보세요.

이런 식으로 호흡을 하면 실제로 심장 박동이 느려지고 혈압이 내려가요. 결과적으로 좀 더 편안한 기분을 느끼고 차분해진답니다. 여러분이 차분해지면 편도체 편돌이도 우왕좌왕할 수가 없어요. 편도체 편돌이가 천천히 몸을 동그랗게 말고 스르르 잠이 드는 사이, 전전두엽 피질 두엉이가 허리를 쭉 펴고 똑바로 서서 지혜로운 눈과 귀를 활짝 열어 주변을 응시하는 모습을 상상해 보세요.

차분하게 긴장을 풀고 있을 때 박스 호흡법을 연습해 보세요. 차에 타고 있거나 개를 산책시키거나 상을 차리거나 그냥 침대에 누워 있을 때 한번 해 보세요. 차분할 때 박스 호흡법을 많이 연습해 볼수록 정말로 그 호흡법이 필요한 순간에 더 쉽게, 더 효과적으로 호흡할 수 있을 거예요.

호흡법 연습을 기록하려면 다음 표를 활용해 보세요. 여기(http://www.newharbinger.com/45984)에서 다운받아 써도 되고요. 하루에 세 번씩 연습하고 (고작 1~2분밖에 안 걸려요!), 연습이 끝나면 아래 표에 체크하면 돼요.

요일	박스 호흡 1	박스 호흡 2	박스 호흡 3
월요일			
화요일			
수요일			
목요일			
금요일			
토요일			
일요일			

이름 붙여 다스리기

세연이는 학교에서 먹을 간식으로 도넛을 싸가고 싶었다. 그날 도시락을 준비하고 있는데 웬걸, 집에 도넛이 없었다. 세연이는 샌드위치나 삼각김밥이나 다른 건 먹고 싶지 않았다. 오로지 도넛이 먹고 싶었다.

급기야 세연이는 울음을 터뜨리며 '이건 너무하잖아! 오늘 아주 망했어. 아예 학교도 가기 싫어!'라고 생각했다. 세연이는 주방 바닥에 철퍼덕 주저앉아 일어나지도, 움직이지도 않았다. 슬프고 화가 나고 실망스러웠다.

★ 알아두기

감정은 때론 감당하기 힘들 정도로 커지기도 해요. 앞에서 배웠다시피 우리의 뇌는 감정에 다양한 방식으로 반응합니다. 만약 우리가 겁을 먹으면 뇌는 우리를 보호하려고 할 거예요. 행복할 때는 어때요? 마음이 가벼워지고 더 의욕적인 기분이 들지요? 다른 감정들은 어떨까요?

이쯤에서 감정에 관한 일급비밀을 하나 알려줄게요. 감정이 항상 맞는 건 아니에요. 사실 감정은 거짓말을 할 때도 있어요. 늘 그렇진 않지만,

분명히 감정은 간혹 큰 거짓말을 한다고 알려져 있답니다. 그런 일을 일으키는 게 누구인지 맞혀 볼래요? 맞아요. 편도체 편돌이에요. 편돌이는 단지 집에 도넛이 없다는 이유로 짖기 시작한 것이라고요!

또 다른 예도 들어 볼게요. 어느 날 내가 방 청소를 안 해서 엄마가 나를 크게 혼내시며 친구 집에 놀러가는 건 금지라고 말씀하세요. 나는 너무 화가 나요! 그래서 엄마한테 냅다 소리를 질러요. "엄마는 나한테 맨날 거짓말만 해. 세상에서 제일 치사한 엄마야!" 이 순간에는 내 안의 분노가 이렇게 소리치는 것이겠지요? 그런데 내가 한 말이 사실인가요? 만약 화가 안 났다면 정말 그런 식으로 엄마한테 말을 할까요?

감정을 조절하는 첫 번째 단계는 자신이 그 순간 정말 느끼고 있는 게 무엇인지 알아내는 거예요. '이름 붙여 다스리기'는 수많은 심리치료사가 아이들에게 자신의 감정에 이름을 붙여 보도록 도와줄 때 쓰는 말입니다. 이게 쉬운 것 같은데 사실 꽤 어려워요.

⭐ 연습하기

자, '이름 붙여 다스리기' 연습을 해 봐요. 아래 상황의 감정에 이름을 붙여 보세요. 각 사례를 읽어 보고 그 사람 기분이 어떨지 상상해 본 후, 짜증, 질투, 당황, 불안, 분노 중 어떤 단어가 그 상황에 가장 적합한지 알아봐요.

1. 윤아는 같은 반의 한 아이에게 홀딱 반했다. 가장 친한 친

구에게 자신의 짝사랑에 대해 털어놓는 쪽지를 쓴다. 그런데 짝사랑 상대가 그 쪽지를 가로채서 읽는다.

2. 효영이가 연필을 깎으려고 자리에서 일어난다. 책상으로 돌아왔을 때 친구가 글쓰기 연습을 하겠다며 효영이가 방금 깎은 연필을 빌려줄 수 있냐고 묻는다.

3. 승환이가 사회 시험을 보고 있다. 답을 고민하며 교실을 둘러보는데 선생님이 그 모습을 목격한다. 선생님이 승환이를 복도로 데려가 커닝을 했다고 추궁한다. 하지만 승환이는 절대 커닝을 하지 않았다.

4. 민수는 제일 좋아하는 농구팀의 모자가 갖고 싶다. 그가 갖고 싶은 바로 그 모자를 민수의 제일 친한 친구가 쓰고 학교에 나타난다.

5. 민국이는 밤늦게까지 자지 않고 수학 숙제를 했다. 이 숙제를 제대로 하지 못하면 절대 수학을 잘할 수 없을 거라는 생각이 든다.

답: 1. 당황 2. 짜증 3. 분노 4. 질투 5. 불안

연습 10

생각과 감정: 절친일까요?

도현이와 친구가 점심을 먹고 있다. 친구가 그날 단어 시험에서 100점을 맞았다고 말한다. 도현이는 시험 점수가 별로 좋지 않았기 때문에 친구의 얘기에 슬슬 화가 났다. '나쁜 자식! 날 약 올리는 거야, 뭐야!' 하는 생각이 든다. 점심밥도 잘 안 넘어간다. 그는 친구한테 몹시 화가 나고 자신의 시험 점수가 창피하게 느껴진다.

★ 알아두기

감정과 생각은 절친일 때도 있고, 친구인 척하는 적일 때도 있고, 아예 적이 돼버릴 때도 있답니다. 감정은 뇌에게 무슨 생각을 할지 알려주지만, 항상 진실만 말해주는 건 아니에요. 강도 높게 느껴지는 감정 때문에 편도체 편돌이가 짖기도 해요. 도넛 같은 사소한 이유로 말이에요.

그래도 다행인 건, 우리는 생각과 행동을 통해 감정을 바꿀 수가 있다는 거예요. 자, 이제 차근차근 이 부분을 살펴보아요. : ⑴ 감정이란 우리가 대개 신체적으로 경험하는 정서이고, ⑵ 생각은 우리가 자신에게 이야기하거나 혼자 떠올리는 말이나 사고, 또는 이미지입니다.

생각을 바꾸는 법을 배우면 감정을 바꿀 수 있어요. 다시 말해, 생각하는 방식을 바꾸면 좀 더 자신감이 차오르고 끈기가 강해지는 법을 배울 수 있다는 뜻이에요. 어떻게 하는지 이해하려면 연습이 필요할 거예요. 그럼 한 번 시작해 봐요.

✨ 연습하기

무엇이 생각이고, 무엇이 감정일까요? 아래 문장에서 감정에 동그라미를 쳐 보세요.

- "그 애한테 너무 화가 나!"
- "그 자식이 일부러 그랬다고!"
- "이제 난 여행을 못 갈 거야!"
- "너무 실망스러워!"
- "난 왜 아무것도 제대로 못할까?"
- "내가 그러지 말았어야 했는데."
- "너무 무서워."
- "내가 그걸 못하면 어떻게 될까?"

'화', '실망', '무서움'에 동그라미를 쳤나요? 이 세 단어가 위의 문장들 중 감정을 나타내는 말이었어요. 그런데 다른 문장을 보면 생각 역시 감정을 나타낸다는 사실을 깨달았을 거예요. 예를 들어, "그 자식이 일부러 그랬다고!"는 분노를 표현하고, "내가 그러지 말았어야 했는데."는 후회나 유감을 나타내요.

우리의 생각은 다음과 같은 방식으로 감정을 설명해요.

1. 먼저 뭔가를 느낀다. 보통 몸으로 느낀다. 심장이 빨리 뛰고, 배 속

이 부글거린다.
 2. 뇌가 그 느낌을 파악하려고 한다.
 3. 뇌는 생각을 사용해서 우리에게 그 감정을 설명한다.

만약 감정을 파악하는 게 잘 안 된다면 제일 먼저 살펴봐야 할 곳은 바로 우리의 생각입니다.

생각 알아채기

⭐ 알아두기

  우리 머릿속에는 한시도 생각이 떠나질 않아요! 지금 이 문장을 읽을 때도 여러분은 분명 뭔가를 생각하고 있을 거예요. '이거 점점 재미있어지네.' 혹은 '과자 먹고 싶다.'와 같은 그런 생각 말이에요. 우리의 머릿속을 스쳐가는 온갖 다양한 생각을 다 알아채기란 너무 어려워요. '자동적 사고 automatic thought'라는 특별한 생각을 붙잡으려고 할 때 특히나 생각을 알아채기가 힘들지요.

  자동적 사고는 말 그대로 자동으로 떠오르는 생각을 뜻합니다. 우리의 머릿속을 쏜살같이 스쳐가는 생각이에요. 우리는 이 생각을 아예 알아채지 못할 때도 많아요. 자동적 사고는 우리가 큰 감정을 느끼고 있을 때 나타나곤 해요. 예를 들면, 소연이가 축구 경기에서 찬 공이 빗나갔을 때 소연이의 머릿속을 지나가는 자동적 사고는 '난 맨날 공이 빗나가. 제대로 하는 게 하나도 없어.' 같은 거예요. 이런 생각은 순식간에 떠오르고, 우리가 굳이 확인하지 않는 한 정확히 어떤 건지 알아채기가 매우 어려워요. 그렇지만 앞에 나온 지수와 분홍색 자동차의 예처럼 우리가 어떤 생각에 주의를 집중하기 시작하면 그걸 알아채게 됩니다.

생각을 알아채는 것이 왜 필요할까요? 생각은 곧 감정을 이해하는 방식이거든요. 특히 자신이 다스리고 싶은 불편한 감정 말이에요. 어떤 일이 일어날 때 우리는 이렇게 합니다.

- 어떠한 반응을 느낀다.
- 그 반응에 대해 뭔가를 생각한다.

우리의 생각은 우리가 방금 벌어진 일에 대해 어떻게 느끼는지 설명해주는데, 이 생각이 항상 옳은 건 아니랍니다!

한번 상상해 보세요: 텔레비전에서 뉴스가 나오고 진행자가 이런 소식을 전하고 있어요. "새끼 토끼들이 농장을 탈출했는데 아직 잡히지 않고 있습니다! 어디에 있는지 알 수 없는 상황인데요. 지금 여러분의 집 뒷마당에 있을지도 모릅니다!" 지금 우리의 귀에 아나운서의 굵직한 목소리가 들려요. 그의 목소리에 담긴 다급함도 느껴지고요. 아나운서의 말로는 새끼 토끼들이 우리 집 뒷마당에 있을지도 모른다네요……. 바로 지금!

무서운 기분이 드는군요! 편도체 편돌이가 낮잠에서 깨어나 짖기 시작합니다. 우리의 머릿속 생각도 속도를 높이고 있어요. '오, 안 돼! 토끼들이…… 온 사방에 있다니! 큰일나겠네!'라는 생각이 들어요.

　이때 우리는 숨을 내쉬고 박스 호흡법대로 숨을 쉬기 시작해요. 세 번, 네 번, 다섯 번……. 편도체 편돌이가 다시 잠이 들고 전전두엽 피질 두붕이가 눈을 떠서 무슨 일이 벌어지는지 살펴봅니다. 그럼 우리는 이렇게 깨닫게 되지요. '아아, 새끼 토끼는 안 무섭잖아. 걔들이 얼마나 귀여운데.'

때로는 어떤 내용이, 어떻게 들리느냐에 따라 우리는 공포를 느끼기도 해요. 그 일이 벌어질 때 우리가 할 일은 한 발자국 물러나 사실을 확인하는 거예요. 위의 경우에서 사실상 새끼 토끼들의 돌발 행동으로 인해 위험에 처하는 대상은 다른 누군가가 아니라 결국 토끼들 자신이잖아요. 우리가 단순히 뭔가를 느낀다고 해서 그게 꼭 옳은 사실이라는 뜻은 아니에요. 그저 뭔가를 생각한다고 해서 그것 역시 옳은 것이라는 뜻도 아니고요.

우리 스스로 지나친 두려움이나 분노나 나쁜 감정을 느끼게 하는 부정적인 자동적 사고를 지칭하는 특별한 이름이 있어요. 바로 '부정적 자동적 사고negative automatic thoughts: NATS'예요. 이건 아무런 사전 경고 없이 우리의 머릿속을 잠깐 스치는 생각인데, 가령 두려움이나 분노나 질투처럼 나쁜 기분이 들게 하는 경우가 많아요.

★ 연습하기

부정적 자동적 사고를 알아챈다는 개념을 이해하기가 어려울 수도 있어요. 어떤 상황이 벌어질 때, 우리의 머릿속을 스쳐가는 것에 매우 세심한 주의를 기울여야 해요. 자기가 무슨 생각을 하고 있었는지 100퍼센트 확신이 안 들 때도 간혹 있지요. 그게 정상이에요. 일단 그 상황으로 돌아가 다시 살펴보면서, 자신의 생각이 어떤 것이었을지 추측해 보세요. 추측이라고 하니까 특별히 과학적인 방법으로 들리진 않겠지만, 그래도 각자가 자기 자신에 관한 한 최고의 전문가잖아요. 어떤 상황에서 자신이 무슨 생각을 할지 알아내는 데는 자기 자신만한 사람이 없을 테니까요.

아래의 그림을 보고 자신이 생각하기에 적합한 자동적 사고를 써넣어 보세요.

다시 생각해 볼까요?

　선재는 새 신발을 생일선물로 받았다. 신발이 마음에 들었던 선재는 다음 날 학교에 갈 때 새 신발을 신고 갈 순간이 빨리 오기를 기다렸다. 그런데 안타깝게도 아침에 일어나 보니 비가 오고 있었다. 쉬는 시간 즈음 비가 그치긴 했지만 이미 바닥은 축축했다. 새 신발은 금세 진흙투성이가 되고 말았다. 너무 속상하고 슬펐던 선재는 '신발이 엉망이 돼버렸잖아! 진짜 최악의 날이야!' 하고 생각했다.
　선재가 진흙투성이 신발을 선생님에게 보여주자 선생님은 이렇게 말씀하셨다. "그래도 너는 신발이 있잖니. 세계 곳곳에는 신을 신발조차 없는 아이들도 있는걸. 너한테는 그런 신발이 있으니 다행으로 여겨야지!"

★ 알아두기

　긍정적으로 생각해 보라는 말을 들어 본 적이 있나요? 어른들이 아이들에게 자주 하는 말이지요. 선생님이 선재에게 신발이 있어서 다행이라고 했을 때, 그 말이 맞는다는 건 선재도 알았지만 그 순간에는 별 도움이 되지 않았어요.

우리가 생각을 바꾸면 감정을 느끼는 방식도 바뀌기 시작한답니다. 그런데 생각을 바꾸려면 일단 그 생각이 믿을 만한 것이어야 해요. 우리가 생각을 바꿀 때 더욱 긍정적이되 여전히 현실적인 생각으로 바뀌어야 한다는 뜻이에요. 예를 들면 이런 거예요. 만약 선재의 선생님이 "이런, 정말 속상하겠네! 새 신발에 진흙이 묻어서 정말 안됐구나. 오늘 저녁에 신발을 잘 씻어서 진흙이 없어지는지 확인해 볼까?"라고 얘기했더라면 더 도움이 됐을 거예요.

선생님이 선재한테 신발이 있어서 다행이라고 말했을 때 그 의도는 좋았지만 '무지개 유니콘'식 사고방식을 써서 선재를 도와주려고 했어요. 사실 무지개 유니콘식 사고는 별 도움이 안 되는 방법이에요.

'무지개 유니콘식 사고'란 무엇일까요? 그건 지나치게 긍정적인 생각을 뜻해요. 뭔가 일이 잘못되었을 때 사람들(주로 어른들)은 우리에게 그런 식으로 생각하라고 얘기하곤 해요. 우리가 기분이 좀 나아지거나 적어도 괴로움에서 벗어나기라도 했으면 좋겠다는 마음에서 그런 것이지요. 예를 들어 볼게요. '오늘 점심 도시락을 깜빡했네. 그래도 괜찮아. 오늘 이렇게 굶어 보면 먹

을 게 부족한 아이들의 기분이 어떤지 배울 수 있을 테니까. 도시락을 깜빡한 게 사실 좋은 일이군.'

좀 어이가 없죠? 누가 이렇게 생각하겠어요? 정말 무지개 유니콘 같은 생각이잖아요.

그럼 무지개 유니콘식 사고와 정반대되는 건 뭘까요? 바로 '우는 악어'식 사고예요. 이건 의기소침해 있을 때 우리의 머릿속을 주로 스쳐가는 생각인데, 그런 생각을 믿지 않도록 주의할 필요가 있어요. 우는 악어식 사고는 꽤 설득력이 있거든요. 앞에 나온 똑같은 생각에 우  는 악어 사고법을 적용하면 이렇게 돼요. '점심 도시락을 깜빡했네. 하루 종일 굶겠군. 말 그대로 쫄쫄 굶게 생겼어. 끔찍한 날이 될 거야. 내 인생 진짜 불쌍하다.'

이런 우는 악어식 사고는 너무 지나친 감이 있지요. 모든 것을 실제 상황보다 훨씬 안 좋게 느껴지게 하잖아요.

무지개 유니콘식 생각은 믿음이 안 가고 우는 악어식 생각은 상황을 실제보다 훨씬 나쁘게 만드는 거라면, 신뢰가 가고 도움이 되는 사고방식을 찾아보는 게 어떨까요? 사실적이고 유용한 생각은 무지개 유니콘식 생각과 우는 악어식 생각 사이에 있답니다.

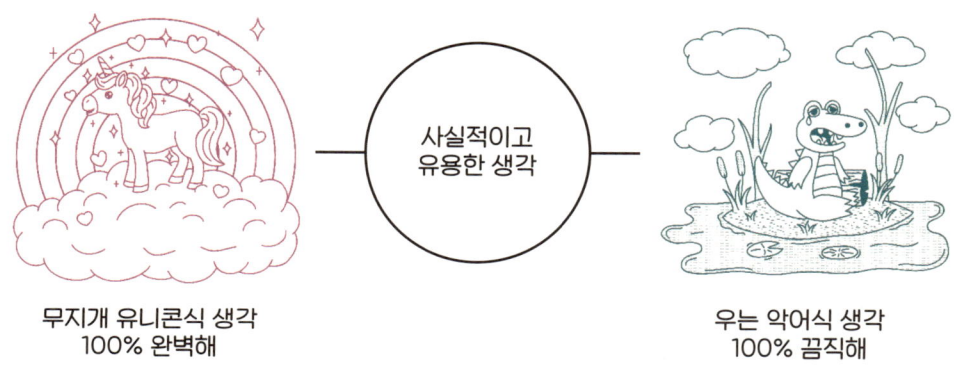

예를 들어 사실적이고 유용한 생각은 이런 식이에요. "뭔가 일이 잘못됐지만 난 극복할 수 있어. 이 상황을 좋아할 필요는 없어도 계속 헤쳐 나갈 수는 있지." 이런 생각이 바로 현실적이고 낙관적인 거예요.

앞에 나온 상황에서 떠올릴 만한 사실적이고 유용한 생각은 이런 거예요.

'점심 도시락을 깜빡했네. 망했다! 하루 종일 쫄쫄 굶지 않으려면 선생님께 도와달라고 하는 게 좋겠어.'

 연습하기

아래의 상황을 읽은 후 무지개 유니콘식 생각, 우는 악어식 생각, 사실적이고 유용한 생각을 각각 떠올려서 적어 봐요.

성규는 새로 산 후드티를 잃어버렸다. 엄마가 성규에게 노발대발할 것이다. 성규는 그 후드티를 고작 이틀 입었는데 지금은 어디에 있는지 도무지 찾을 수가 없다. 학교도 살펴보고, 코치님에게 연습 때 후드티를 본 적이 있냐고도 물었고, 형의 옷장까지 확인했다. 성규는 이제 된통 혼날 일만 남았다! 정말 마음에 든 옷이었는데. 진짜 제일 좋아하는 거였는데.

무지개 유니콘식 생각: _____
_____
_____
_____

우는 악어식 생각: _____
_____
_____

사실적이고 유용한 생각: _____
_____
_____

자기대화: 자기와 얘기를 나눠 봐요!

소진이는 그림 그리기를 좋아한다. 커서 화가가 되고 싶은 소진이는 한가할 때면 언제든 귀여운 동물과 예쁜 꽃과 아담한 집을 스케치하며 시간을 보낸다.

아직 사람은 잘 못 그리는데 화가가 되려면 인체 드로잉을 잘해야 한다는 걸 소진이도 알고 있다. 소진이는 사람을 그릴 때마다 이렇게 생각한다. '이 사람 진짜 최악이잖아! 끔찍한 드로잉이야! 난 절대 사람을 그릴 수 없을 거야!'

★ 알아두기

이런 생각은 별로 도움이 되지 않으며, 그릇을 키우는 데 방해가 될 뿐이에요. 소진이가 '사실적이고 유용한 생각'으로 바꾸기 위해 노력하려면 약간의 도움이 필요해요. 이때 필요한 게 바로 자기대화 self-talk 랍니다.

방법을 알려줄게요. 여러분이 어떤 일로 힘들어한다고 상상해 보세요. 관두거나 포기하고 싶은 마음이 드는데, 반면에 자기 안의 그릇을 키우며 계속 나아가고 싶은 생각도 들어요. 너무 힘든 상황이네요! 이 힘든 순간에 대해 여러분과 끝까지 얘기를 나눠줄 개인 코치가 있다면 얼마나 좋을까요? 맞아요! 여러분이 직접 자신의 코치가 될 수 있어요. '긍정적 자기대화'라는 방법을 쓰면 돼요.

괜히 걱정하지는 마세요. 학교에서 큰 소리로 혼잣말을 하며 돌아다녀야 한다는 뜻은 아니거든요. 자기대화는 각자의 머릿속에서 이뤄지는 거라 아무도 들을 수 없답니다.

그럼 소진이가 자기대화를 어떻게 활용했는지 살펴봐요. 먼저 소진이는 '이 사람은 영 별로야. 그래도 지난번에 그린 사람보다는 낫네.' 하고 속으로 얘기했어요. 이 정도로는 충분하지 않았지요. 여전히 포기하고 싶은 마음이 들었거든요. 소진이는 뭔가 더 확실한 자기대화 기술이 필요해서 계획을 세우게 돼요.

1. 소진이는 자신을 코치라고 상상한다. 상상 속의 소진이는 모자를 쓰고 목에는 호루라기를 걸고, 손에는 메모지를 들고 있다.

2. 그런 다음, 소진이는 코치가 힘을 북돋아주기 위해 해줄 법한 말이 무엇인지 생각한다. 낙관적이고 격려가 되는 사실적이고 유용한 생각을 떠올려 본다.

3. 그런 말을 자기 자신에게 하는 연습을 한다. 그림을 그릴 때 그 말을 머릿속으로 되새긴다. 때로는 혼자 있을 때 거울 앞에서 그 말을 연습해 보기도 한다.

4. 마지막으로, 소진이는 자신에게 말을 할 때 자기 이름을 사용한다(연구 결과에 따르면 이렇게 자기 이름을 부를 때 더 귀 기울여 듣게 된대요).

소진이는 이런 식으로 자기대화를 했어요.

- '소진아, 넌 이미 많은 것들을 그릴 줄 알잖아. 인체 드로잉을 배우지 못할 이유가 없어.'

- '소진아, 여유를 가져. 실수도 좀 하고 그래. 대신 관두지 말고 계속 해. 소진아, 넌 할 수 있어.'

- '소진아, 넌 힘든 것도 해낼 수 있어! 코알라를 그리는 게 얼마나 힘들었는지 기억나지? 그래도 방법을 찾아냈잖아. 이것도 방법을 알게 될 거야.'

★ 연습하기

아래의 예시 문장을 읽고, 도움이 되는 자기대화를 보여주는 단어나 문장에 동그라미를 쳐 보세요.

- 아영아, 너 진짜 엄청 못한다! 전혀 안 되고 있잖아! 좀 잘해 봐!

- 태호야, 무슨 생각을 하고 있었어? 이거 엉망진창이네. 뭐 하나 똑바로 못하냐!

- 이거 진짜 하기 힘들다. 그런데 넌 힘든 일도 해낼 수 있잖아. 계속해 봐, 신희야!

- 승관아, 물론 관두고 싶겠지만 그렇다고 꼭 관둘 필요는 없어. 넌 계속할 수 있어.

어떤 단어와 문장이 도움이 되는지 찾아내기 어렵지 않았을 거예요. 그 말로 인해 내가 어떤 기분을 느끼는지 파악하면 알 수 있겠지요. 도움이 되는 자기대화는 자신이 계속 앞으로 나아갈 수 있다는 기분을 느끼게 해 주는 말이랍니다. 자신에 대해 좌절감이나 안 좋은 감정을 느끼게 하는 말은 앞으로 나아갈 의지를 꺾어버려요.

⭐ 더 연습하기

무언가를 포기하고 싶었던 순간을 생각해 봐요. 누구나 그런 순간은 있기 마련이지요. 이제 자기 자신을 코치라고 상상해 보세요. 머릿속으로 그렸나요? 잘했어요. 자신의 코치가 무슨 말을 했으면 좋겠어요? 어떤 말이 도움이 되었을까요? 여러분이 생각한 답을 아래에 적어 보세요. 자기대화 안에 자신의 이름을 넣는 것도 잊지 말고요!

상황: _____

_____

_____

_____

_____

나의 자기대화 코치가 해준 말: _____

_____

_____

_____

_____

동기부여 만트라

원우는 학교에서 과학 과제 발표를 해야 했는데 긴장이 되었다. 반 전체 앞에서 말해야 하는 게 싫었다. 보나마나 망신당할 실수를 할 게 뻔했다. 발표 전날 밤에는 잠도 설쳤고, 발표 날 아침에는 배가 아픈 느낌마저 들었다. 원우는 학급 친구들에게 들려줘야 할 내용이 꽤 훌륭하다고 생각했고 자기가 조사한 것을 친구들과 나누고 싶긴 했지만 제대로 할 수 있을지 확신이 없었다.

★ 알아두기

뭔가를 계속해내고 어려움을 헤쳐 나가려면 가끔은 한 가지 수단이나 방법만으로는 부족할 때도 있어요. 앞서 봤듯이 자기 스스로 코치가 되는 건 훌륭한 해결법이에요. 또 다른 방법으로 '동기부여 만트라'라는 게 있답니다.

어떤 일을 계속해 나가고 싶은 마음을 불어넣어 목표를 향해 나아가게 하는 걸 '동기부여motivation'라고 해요. 열정적 끈기가 있는 아이는 어려운 일을 해내기 위해 스스로 동기부여하는 방법을 잘 알아요. 동기부여는 우리가 뭔가를 하고 싶은 이유라고 할 수 있어요. 원우는 나름대로 다른 그릿 전략을 써서 과제를 완성했는데, 이제는 말 그대로 주머니에 넣고 다니며 언제든 필요할 때 꺼내 쓸 수 있는 도구 같은 그릿을 갖고 싶어 해요. 이 도구는 간단하고 꽤 유용한 것이어서 원우가 발표를 바로 앞두고 스트레스가 잔뜩 높아진 순간에 즉시 사용할 수 있어요.

원우는 '만트라mantra'를 만들기로 했어요. 만트라는 스트레스가 극심할 때 자신을 진정시키고 집중하기 위해 소리를 내거나 마음속으로 반복하는 단어나 문장을 뜻해요. 사람들은 만트라가 명상이나 요가에만 쓰인다고 생각하는데 사실 어느 상황에서나 쓸 수 있답니다.

✦ 연습하기

지난 한 해를 되돌아 봐요. 자신이 한 일 중에 정말 뿌듯한 것 두세 가지를 떠올려 보세요. 학기 중에, 아니면 방학 때 했던 어떤 일이겠지요. 자신이 성공적으로 해낸 일들을 아래에 적어 보세요.

잘한 일 1: _____

_____

_____

잘한 일 2: _____

_____

_____

잘한 일 3: _____

_____

_____

    자신이 이룬 이 성과를 자랑스러워하는 이유는 무엇인가요? 그 일을 해낼 때 여러분은 어떤 식으로 그릿을 보여줬나요? 자신이 자랑스러워한 이유와 자신의 그릿에 대해 한두 문장으로 정리해서 적어 보세요.

_____

_____

_____

⭐ 더 연습하기

    자, 이젠 만트라를 만들어 볼까요? 위에서 적은 걸 다시 살펴보고 자신의 동기부여와 그릿을 요약해서 보여줄 간단한 문장을 정해 보세요. 아래의 예시를 활용해도 되고 자기만의 문장을 만들어도 괜찮아요.

- 나는 강하고 능력 있는 사람이야.
- 나는 힘든 일을 해낼 수 있어.
- 나는 계속 해낼 거야.
- 나는 할 수 있어.
- 나는 쉽게 포기하지 않아.
- 나는 불편한 상황을 참을 수 있어.

아래 상자에 자기만의 만트라를 적어 보세요. 이 만트라를 외워도 좋고 종이에다 적어서 주머니에 넣어 다녀도 돼요. 어떤 식이든 그 문장이 늘 자신과 함께 있는 거니까요.

세 가지 P

주영이는 매일 아침, 잠에서 깨면서 오늘 하루도 좋은 날이 될 거라고 생각한다. 부모님에게 웃는 얼굴로 아침 인사를 하고 설레는 마음으로 학교 가는 것을 기다린다. 그야말로 낙관적인 아이다. 아침 식사를 하는 동안 오늘 학교에서 뭘 할 건지, 부모님과 대화를 나누면서 자기가 특히 기대하고 있는 부분에 열을 올려 이야기한다. 주영이는 곧 있을 미술 수업 이야기, 오늘 점심때 정말 맛있는 반찬이 나왔으면 좋겠다는 이야기를 한다.

윤성이는 알람이 울리는데도 침대에서 나오지 않고 뭉그적댄다. 부모님에게 쏘아붙이듯 말하고 학교에 가기도 싫어한다. 윤성이는 비관적인 성향이 강한 아이다. 아침 식사 시간에 부모님이 함께 이야기를 나누려고 하는데, 윤성이는 자기가 '아침형 인간'이 아닌 걸 잊었냐며 그냥 조용히 밥이나 먹자고 부탁한다. 머릿속에는 어제 점심때 벌어진 드라마 같은 사건이 떠나질 않고 오늘 하루를 어떻게 보낼지 슬슬 겁이 난다.

★ 알아두기

주영이와 윤성이는 모두 좋은 아이들이에요. 둘 다 아주 멋지고 매력 있고 같이 놀면 재미있는 친구지요. 하지만 누가 봐도 주영이가 더 편안하게 사는 것 같지 않나요? 이런 주영이를 '낙관주의자'라고 부르는데 실제로 주영이의 생각 자체가 낙관적이에요. 말하자면, 주영이는 매사를 더 행복하고 밝게 보는 사고방식을 갖고 있답니다.

낙관주의자는 삶이 딱히 자기 뜻대로 흘러가지 않을 때조차 삶에 대해 희망적이고 긍정적인 태도를 유지하는 쪽을 택하는 사람이에요. 컵이 "반쯤 차 있어" 또는 "반쯤 비어 있어"라고 다르게 이야기하는 표현을 들어 본 적이 있지요? 컵에 물이 절반쯤 담겨 있는 경우, 여러분은 그 상태를 어떻게 보는 쪽을 택할 건가요? 반쯤 차 있나요, 아니면 반쯤 비어 있나요? 낙관주의자인 주영이는 "반쯤 차 있네."라고 말하겠지요. 비관주의자인 윤성이는 "반쯤 비어 있네."라고 말할 것 같아요(둘 다 맞는 말이에요. 그런데 우리는 그 상황을 어떻게 볼지 선택해야 해요).

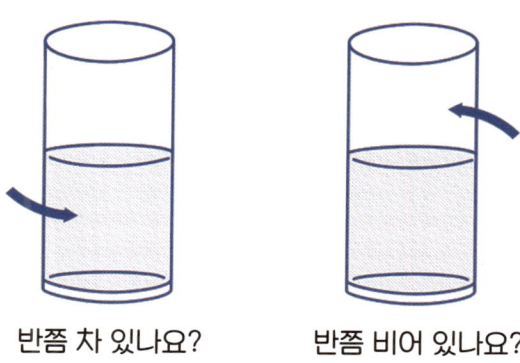

매사에 끈기와 투지가 있는 아이는 좀 더 낙관적으로 생각하는 쪽을 선택합니다. 그런 아이들은 상황을 긍정적이되 사실적이고 유용한 방식으로 보기로 결정하는 거예요.

⭐ 연습하기

더 긍정적인 마음을 갖추려면 부정적인 자동적 사고를 알아채서 바꾸는 법을 배워야 해요. 유명한 교수이자 연구원인 마틴 셀리그만● 박사님이 알아낸 바에 따르면, 우리가 부정적으로 생각하게 만드는 세 가지 유형의 사고가 있대요.

박사님은 이 사고 유형을 '세 가지 P'라고 부르는데, 각각 '영구적permanent'이고, '확대적pervasive'이고, '개인적personal'인 생각이라는 의미예요.

● Martin Seligman 미국심리학회의 회장을 역임했으며, 현재 펜실베이니아대학교 심리학과 교수로 재직 중이에요. 학습된 무기력, 낙관주의, 긍정심리학 등의 개념을 제시한 미국의 심리학자예요.

1. **영구적:** 상황이 절대 바뀌지 않고 절대 나아지지 않을 거라고 믿는 거예요. '늘 이런 식일 거야'라고 생각하는 방식이지요. 영구적 사고의 예를 들면 이런 거예요. "난 모든 일에 과민반응을 보여. 늘 이런 식일 수밖에 없어." 영구적 사고는 커다랗고 단단한 바위 같아요. 그 자리에 영원히 있을 것처럼 보이거든요.

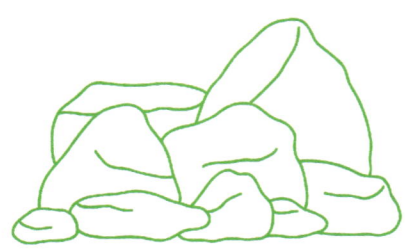

2. **확대적:** 나의 생각이 내 삶의 모든 부분에 다 배어드는 걸 뜻해요. 만약 한 가지가 잘못되면 모든 걸 다 망치게 되는 것이지요. "피구 할 때 내가 제일 마지막에 뽑혔어. 아무도 나랑 같이 있고 싶어 하지 않아." 생각이 이렇게 확대적이면 우리 삶의 모든 것이 영향을 받아요. 여러분이 쿠키를 만들다가 쿠키 한 판을 다 태웠다고 상상해 보세요. 탄 냄새가 온 집 안에 진동하겠지요. 여러분의 옷에도 잔뜩 밸 거예요. 이처럼 확대적 사고는 자기 삶의 모든 부분에 영향을 미친답니다.

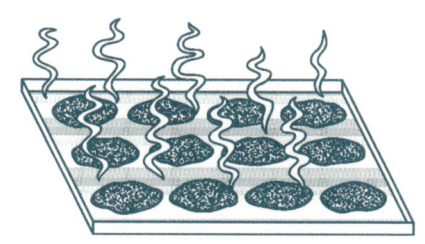

3. **개인적**: '내가 원인이야.' 또는 '나 때문이야.'라고 생각하는 걸 말해요. 만약 내가 친구의 생일파티에 초대받지 못하면 내가 뭔가를 잘못했거나 호감이 없어서라는 생각이 들어요. '쟤들이 귓속말을 하고 있네. 나를 쳐다본 것 같은데. 틀림없이 내 얘기를 하고 있을 거야.' 우리가 개인적 사고 패턴을 따를 때는 상황을 너무 심하게 넘겨짚게 돼요. 그리고 그런 추측이 우리에게 상처를 주곤 하지요. 다음의 그림을 보세요. 개인적 사고에 빠지면 자기 자신에 관한 모든 것이 너무 크게, 대개는 사실과 맞지 않게 보이고 만답니다.

각각의 사고에 해당하는 P를 찾아 연결해 보세요. 영구적 사고인지, 확대적 사고인지, 개인적 사고인지 맞혀 봐요.

나리는 날 미워해! 날 끔찍하다고 생각해.	영구적 확대적 개인적
시험을 망쳤어. 이 계산법은 내 머리로는 도저히 알아내지 못할 거야.	영구적 확대적 개인적
엄마가 나에게 화가 났어. 괴로운 주말이 되겠네.	영구적 확대적 개인적
선생님이 생일파티를 취소하시다니. 우리 반 진짜 불쌍하다.	영구적 확대적 개인적

퀴즈를 통과하지 못 한 사람이 나뿐이야. 나 뭔가 잘못됐나 봐.	영구적 확대적 개인적
내가 우리 반에서 제일 느린 애야. 체육 시간에 달리기를 하면 맨날 내가 꼴찌겠지.	영구적 확대적 개인적

어떤 P랑 생각을 연결해야 할지 판단하기 힘들지도 몰라요. 헷갈릴 수도 있어요. 틀리게 했더라도 괜찮아요. 우리의 뇌는 우리가 실수를 하고 그걸 바로잡을 때 훨씬 더 많은 걸 배운다는 점을 꼭 기억하세요. 우리가 실수를 통해 배울 때마다 그릇이 자라는 것이랍니다!

✨ 더 연습하기

자, 이제 세 가지 P를 알아봤으니까 일상생활 속에서 PPP 사고를 찾아내 봐요. 자신이 하는 여러 가지 생각에 주목한 다음, 세 가지 항목 중 가장 적합한 곳에 한두 가지씩 넣어 보세요. 다음 장에 있는 표를 사용해도 되고, 여기(http://www.newharbinger.com/45984)에서 다운받아 써도 괜찮아요.

어른들의 도움을 받아 완성해도 좋은 연습이에요. 자기 생각을 적는 걸 기억하기 힘들 수도 있고, 세 가지 P 중 가장 적합한 것이 무엇인지 파악하기가 까다롭기도 하니까요.

날짜	상황(무슨 일 때문에 그런 생각을 하게 되었나)	자동적 사고	확대적? 개인적? 영구적?

성장형 사고방식

　민호와 한솔이는 멋진 아이다. 둘 다 운동을 좋아하고, 누나가 있고, 주말에 비디오 게임하는 걸 좋아한다. 두 친구 다 머리가 좋다는 걸 스스로 알고 있고, 자신이 얼마나 똑똑한지 보여주기 위해 좋은 성적을 받고 싶어 한다. 그러나 둘은 공통점이 참 많지만 세상을 보는 관점은 상당히 다르다.

　민호는 시험 성적이 좋지 않으면 선생님이 내용을 충분히 설명해주지 않아서 그런 거라며 화를 내거나, 자기 옆에 앉은 애가 시험 시간에 숨소리를 너무 크게 낸다고 탓하기도 한다. 어떻게 하면 다음 시험을 잘 볼 수 있을지 고민하기보다는 선생님이 설명을 좀 더 잘해주고 반 친구가 다음번에는 소리를 덜 내길 바란다.

　한솔이는 시험 성적이 나쁠 경우 자기가 잘못한 점을 살펴본다. 자신이 더 열심히 공부하지 않아서였는지, 내용이 잘 이해되지 않았을 때 질문을 더 하지 않아서였는지 이유를 찾아보려고 한다. 한솔이는 자기가 틀린 문제의 답을 검토하기 위해 선생님에게 면담을 요청하고 그 내용을 확실히 배워둔다.

⭐ 알아두기

캐롤 드웩●이라는 유명한 학자가 '마인드셋mindset 사고방식'이라는 개념을 오랜 시간 연구했어요. 드웩 박사는 사람들에게 두 가지 유형의 사고방식이 있다는 걸 알아냈답니다. 바로 고정형 사고방식fixed mindset과 성장형 사고방식growth mindset이에요.

고정형 사고방식은 사람이 정해진 모습대로 태어난다는 믿음이에요. 가령 누구는 눈이 갈색이고 누구는 눈이 파란색이듯, 어떤 사람은 똑똑하게 태어나고 어떤 사람은 머리가 나쁘게 태어난다는 것이지요. 앞의 예문에서 민호의 사고방식이 상당히 고정된 것 같지 않나요? 그는 더 좋은 성적을 얻기 위해 자기 스스로 할 수 있는 것이 없다고 생각하는 듯해요. 그의 믿음은 마치 자물쇠처럼 단단히 고정되어 있어요.

그에 비해 한솔이는 대체로 성장형 사고방식을 가진 아이예요. 그는 타고난 재능이 정말 멋진 것이라고 믿는데, 사실 우리가 무언가를 잘

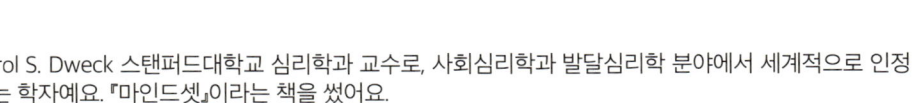

●Carol S. Dweck 스탠퍼드대학교 심리학과 교수로, 사회심리학과 발달심리학 분야에서 세계적으로 인정받는 학자예요. 『마인드셋』이라는 책을 썼어요.

하기 위해 반드시 재능을 갖고 태어날 필요는 없답니다. 한솔이는 실패와 실수 자체를 뭔가 새로운 것을 배우고 더 발전할 기회로 여겨요. 그는 성장에 대한 확실한 믿음이 있는 편이지요. 그의 성장형 사고방식은 마치 자라나는 식물 같다고 할 수 있어요.

자신이 열심히 노력하면 더 잘할 수 있다고 믿는 아이는 힘든 일이 생길 때 더 수월하게 그 시기를 지나가곤 합니다. 왜 그런 걸까요? 사실 자신이 무슨 생각을 하는지가 중요하답니다. 성장형 사고방식을 갖추면 어떤 일이든 더 쉽게 하게 돼요. 자신이 그 일을 할 수 있다고 믿기 때문이에요.

⭐ 연습하기

지금 당장 성장형 사고방식을 갖추고 있지 않더라도 그런 사고방식을 키우는 법을 배울 수 있어요. 첫 번째 방법은 성장형 사고방식의 생각과 고정형 사고방식의 생각이 어떻게 다른지 차이를 아는 거예요. 아래 문장은 아이들이 하는 생각을 나열한 거예요. '고정형' 사고에 X를 하고, '성장형' 사고에 O를 해 보세요.

- 나는 수학을 못해.
- 나는 운동에 서툴러.
- 수영은 내 체질이 아니야.
- 내가 공부하면 시험을 잘 치겠지.

- 노력하면 더 잘할 수 있어.
- 난 체조를 진짜 못해!
- 연습하면 기타 연주를 더 잘하게 될 거야.
- 난 일단 시도하면 새로운 걸 배울 수 있어.
- 이 숙제는 나한테 너무 어려워!
- 단계별로 나눠 보면 이걸 할 수 있어.
- 내 요리는 최악이야!
- 계속 노력해서 어떻게 되는지 보겠어.

각자 쓴 답에 대해 친구나 주변 어른과 이야기를 나눠 보세요. 틀린 게 있더라도 괜찮아요. 이번 연습에서 다룬 사고방식에 관해서 다른 사람과 이야기를 나누면 자신의 사고방식에 대해서 배우고 생각하는 데 도움이 될 거예요. 그렇게 배워가는 동안 자신의 그릇도 자라는 것이랍니다.

사고방식 작동

준희의 남동생 동희는 이제 막 걸음마를 배우는 중이다. 동희는 걷는 게 많이 어설프다. 사실 툭하면 넘어지는 것 같다. 그래도 동희는 포기하지 않는다. 잘 걸을 수 있을 때까지 계속 연습하고 또 연습한다.

우리는 나이가 들수록 성공이나 실패의 가능성을 점점 더 의식하게 돼요. 실패할 수도 있다는 것을 아니까 어떤 상황에서 아기가 감지하는 것보다 더 큰 위험을 보는 거예요. 이건 좋은 것이랍니다. 위험한 일을 하지 않게 막아주니까요. 그런데 문제가 되기도 해요. 무언가에 실패할 것이라는 두려움 때문에 시도조차 못 하게 되거든요.

성장형 사고방식이란, 만약 자신이 성공하고 싶다면 열심히 노력해야 한다는 사실을 아는 거예요. 성장형 사고방식이 있는 아이들은 어떻게 하면 배울 수 있는지, 자신의 뇌가 어떻게 더 강화될지 자주 생각해요. 이런 아이들도 남들처럼 도전에 직면하지요. 사실 성장형 사고방식을 갖추는 기술

중 하나는 장애물이 있을 거라는 사실과 앞으로 나아가기 위해서는 그 장애물에 맞서야 한다는 사실을 아는 거예요. 장애물을 만나 해결하는 과정을 통해 배움을 얻으면 실제로 그릿이 강해진답니다. 반면에 장애물을 피해 숨거나 상황이 힘들 때 그만두면 고정형 사고방식이 더욱 굳어져요.

★ 연습하기

학교에서 아주 어려운 시험을 치고 있다고 상상해 보세요. 시험 문제를 읽고 있는데 엉뚱한 데를 공부했다는 걸 깨달았지 뭐예요! 그 순간 어떤 생각이 들 것 같나요? 그 생각을 아래 말풍선에 적어 보세요.

대부분의 경우 제일 먼저 드는 생각은 아마도 고정형 사고방식의 생각이었겠지요. 대강 이런 생각이 들었을 거예요. '이거 못 풀겠어! 분명히 선생님은 이 내용을 안 가르쳐주셨단 말이야! 이번 시험은 망했어.' 지극히 정상이에요. 일단 이런 생각이 무엇인지 인식하는 방법을 배우면 그것을 바꾸는 방법도 배울 수 있답니다.

그럼, 이제 고정형 사고방식의 생각을 성장형 사고방식의 생각으로 바꾸는 연습을 해 봐요. 먼저 앞의 말풍선에 쓴 생각이 고정형 사고방식의 생각이었는지 성장형 사고방식의 생각이었는지부터 볼까요?

만약 고정형 사고방식의 생각이었다면, 그것을 성장형 사고방식의 생각으로 바꾸도록 해 보세요. 바꾼 생각을 아래 말풍선에 적어 보세요.

별로 안 어렵지요? 여러분은 이렇게 차근차근 강인한 성장형 사고방식을 키워가는 중이랍니다.

감사하기

★ 알아두기

    고마워하는 아이, 갖지 못한 것보다는 가진 것에 집중하는 아이가 더 행복해하는 경향이 있습니다. 이런 마음을 갖는 것이 늘 쉬운 건 아니지요. 우리의 뇌는 우리가 가진 모든 것에 집중하도록 도와주기보다는 우리가 갖고 싶어 하는 것만 생각하게 만드는 데 선수거든요.

    무언가 또는 누군가에게 감사하기 위해서는 우선 감사하겠다고 결심해야 해요. 무슨 소리인가 싶지요? 그릿과 마찬가지로 감사하는 마음도 자신이 선택하는 것이에요. 멋진 순간을 의식적으로 알아채고 감정에 집중한 뒤, 다른 사람의 친절하고 다정한 행동을 인식해서 감사하기로 선택한다는 뜻이에요.

    예를 들어 볼게요. 내가 뛰는 축구팀이 드디어 경기에서 이기고, 나는 팀의 승리에 정말 감사해요. 단순히 축구 경기에서 이기는 것이 선물이었다기보다는 팀의 열렬한 노력이 나에게는 큰 선물이었어요. 나는 골키퍼가 멋지게 골을 막아낸 것에, 동료가 경기 중간중간 나에게 공을 패스해 준

것에, 나의 사기를 힘껏 북돋아준 아빠와 누나의 응원에 감사한 마음을 느껴요.

연구에 따르면, 우리가 구체적인 것에 고마워할 때 감사하는 마음이 가장 잘 우러난다고 합니다. 가령 내가 '이 세상의 모든 사람에게 감사해'라고 생각한다면, 뭐 그것도 정말 좋은 생각이기는 하지만 왠지 무지개 유니콘식 사고처럼 너무 막연하지 않나요? 만약 '잠자리에 들 때 내가 제일 좋아하는 책을 읽어주셔서 우리 엄마 아빠한테 감사해'라고 생각한다면 나에게 느껴지는 것이 더 많을 거예요. 차이가 보이나요? 구체적으로 떠올리는 것이 핵심이에요.

★ 연습하기

우리에게 기쁨과 만족감과 여러 긍정적인 감정을 가져다주는 구체적인 순간을 알아차리는 것이 바로 감사하는 마음을 기르는 방식입니다. 고맙게 여겨지는 구체적인 순간을 글로 표현해 보면 실제로 더 행복한 기분이 든답니다.

감사 일기는 우리가 감사함을 느끼는 구체적인 순간을 기록해 보는 재미있는 방법이에요. 자기가 쓰는 일기에다 적어도 되고 다음 페이지를 복사하거나 여기(http://www.newharbinger.com/45984)에서 다운받아 써도 좋아요.

습관을 들일 수 있도록 매일 똑같은 시간에 쓰도록 해 보세요. 감사하는 순간을 구체적으로 적는 것도 잊지 말고요(예를 들어, '자전거 타기'라고 간단히 적기보다는 '자전거를 타고 언덕을 내려가는데 굉장히 빠르고 재밌었다.' 이런 식으로 쓰는 게 좋아요).

일일 감사 일기

* 항목마다 구체적으로 쓰기

1. 내가 오늘 감사했던 순간 :
_____
_____
_____

2. 내가 오늘 감사했던 경험 :
_____
_____
_____

3. 오늘 이런 일이 생겼을 때 감사했음 :
_____
_____
_____

감사 일기 활용법을 익히기까지 1~2주 정도 시간이 걸릴 수 있어요. 우리의 뇌가 감사함이라는 방향으로 주의를 돌려서 하루하루 지내다 보면 좋은 기분이 느껴지는 순간을 차차 더 많이 포착하게 될 거예요.

연습 19

네 신발? 내 신발?

    석민이가 제일 좋아하는 신발은 미끄럼 방지용 밑창이 붙은 야구화다. 그는 주차장을 가로질러 걸어갈 때 신발에서 나는 소리를 좋아하고, 경기장을 달릴 때 신발의 느낌도 좋아한다. 야구화를 신고 끈을 묶으면 키도 커지고 강인해지고 자신감이 붙으면서 운동선수가 된 기분을 느낀다. 그 순간부터 석민이는 마치 야구선수 같은 시각으로 주변 상황을 보고 운동선수처럼 생각하기 시작한다.

    석민이는 플립플롭●을 신을 때면 기분이 좀 달라진다. 야구화를 신을 때와 같은 자신감과 에너지가 솟구치지는 않지만, 그렇다고 기분이 나쁜 것도 아니다. 편안하고 느긋한 기분을 느낀다. 걸어갈 때 신발에서 딸각딸각 하는 소리가 좋고, 2초 만에 신을 수 있어서 참 편하다.

 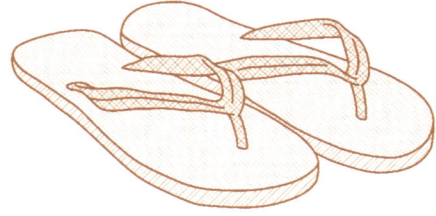

● 엄지발가락과 둘째 발가락 사이를 한 가닥 줄로 연결한 신발. 우리말로는 '가락 신'이라고 해요.

⭐ 알아두기

　뜬금없이 석민이의 신발 이야기는 왜 하냐고요? 석민이가 다른 신발을 신었을 때 다른 기분을 느끼기 때문이지요. 야구화를 신은 석민이를 상상하면 환한 유니폼을 입고 큰 키로 우뚝 서 있는 모습이 그려지네요. 플립플롭을 신은 석민이를 상상하면 모래사장을 무심히 걷고 있는 모습이 보여요. 석민이는 그런 다른 상황에서 주변을 달리 보게 돼요. 야구화를 신고 있으면 세상을 야구선수의 입장에서 본답니다. 이게 석민이의 관점이에요. 관점이란, 우리가 상황을 보고 생각하고 느끼는 방식을 뜻해요.

　사람들은 저마다 다른 관점을 갖고 있어요. 예를 들면, 내가 뒷마당에서 다람쥐를 봤다면 '저 다람쥐 귀엽다!' 하고 생각할 거예요. 그런데 정원에서 일을 하던 우리 엄마는 '저놈의 다람쥐, 짜증나! 내가 키운 채소를 다 먹어 치우려고 하잖아!' 하고 생각할 수 있어요. 만약 우리 집 개가 자기 생각을 표현할 줄 안다면 '저 다람쥐 녀석을 쫓아가고 싶어!' 하고 생각할지도 몰라요. 다들 똑같은 다람쥐를 보고 있는데 제각각 다른 관점을 갖고 있는 거예요.

　우리가 관점에 대해 생각할 때 중요한 점은 우리 모두 상황을 다르게 본다는 사실을 깨닫는 것이랍니다. 다른 사람의 관점은 잘못되고 나의 관점이 옳다고 믿기 쉽지요(아니면 최소한 그렇게 믿고 싶은 마음이 드는 게 사실입니다). 물론 내가 옳을 때도 있지요! 하지만 틀릴 때도 있기 마련이에요. 그리고 가끔은 옳은 것도, 그른 것도 아닐 때가 있고요. 우리가 다른 사람의 관점에서 상황을 생각하는 법을 배우면 그 상황을 다른 식으로 볼 줄 알게 된답니다.

 **연습하기**

여러분에게도 특별한 신발이 있나요? 석민이의 야구화처럼 특별한 발레화나 전용 운동화 같은 신발 말이에요. 특별한 날에만 신는 굽 있는 화려한 구두라든가, 더할 나위 없이 푹신하고 편한 슬리퍼라든가, 신고 걸을 때마다 바닥이 큰 소리로 쿵쿵 울리는 굽 높은 부츠가 있겠지요. 가서 그 신발을 찾아서 신고 몇 걸음 걸어 보세요.

어떤 신발을 골랐나요?

_____

_____

고른 이유는 무엇인가요?

_____

_____

그 신발을 신으면 뭐가 달라 보이나요?

_____

_____

그 신발을 신으면 어떤 다른 느낌이 드나요?

_____

_____

그 신발을 신고 걸을 때 머릿속에 어떤 생각이 떠오르나요?

_____

_____

★ 더 연습하기

여러분의 가족에게도 자기만의 특별한 신발이 있는지, 그 신발을 신으면 기분이 달라지고 관점이 달라지는지 물어 보세요. 그 신발을 한번 신어보라고 한 뒤, 여러분이 앞에서 답했던 질문을 똑같이 해 보세요. 여러분이 들은 대답을 적어 봐요.

어떤 신발을 골랐나요?

_____

_____

고른 이유는 무엇인가요?
_____
_____

그 신발을 신으면 뭐가 달라 보이나요?
_____
_____

그 신발을 신으면 어떤 다른 느낌이 드나요?
_____
_____

그 신발을 신고 걸을 때 머릿속에 어떤 생각이 떠오르나요?
_____
_____

연습
20

조명, 카메라, 액션!

⭐ 알아두기

　배우는 일반적으로 관점을 이해하는 데 아주 능숙한 사람이에요. 사실 그게 배우가 할 일 중의 일부거든요. 배우는 등장인물을 연기합니다. 등장인물이 바로 사람이잖아요. 배우가 등장인물을 연기하려면 그 인물이 매사에 어떻게 생각하고, 어떤 것을 믿고, 무엇을 좋아하고, 무엇을 싫어하는지 등을 이해해야 한답니다. 배우는 등장인물처럼 행동할 수 있도록 그 인물의 관점을 연구해요.

　자기가 좋아하는 배우를 떠올려 보세요. 그 사람이 오로지 한 역할만 연기한 모습을 봤나요? 아마 그렇지 않을 거예요. 유명한 배우라면 아마도 여러 가지 다양한 역할을 맡아 연기하는 모습을 봤을 거예요. 어떤 드라마에서는 악당이었고, 다른 드라마에서는 영웅으로 나오거나 했겠지요. 그 배우는 역할을 맡을 때마다 몇 주, 심지어 몇 달 동안 각기 다른 등장인물의 관점에 대해 생각했을 거예요.

　배우들은 다른 사람처럼 생각하는 법을 어떻게 배울까요? 그들은 등장인물과 똑같은 방식으로 상황을 보고 이해하려고 노력해요. 말 그대로 다른 사람의 입장이 되어 보는데, 아래의 세 가지 단계를 거친답니다.

• **호기심**: 호기심은 관점 형성에 매우 중요한 역할을 해요. 우리가 다른 사람에게 호기심이 생긴다면 그들이 어떻게 사는지, 무엇에 관심이 있는지, 무엇을 믿는지, 어떤 식으로 생각하는지 점점 궁금해지잖아요. 그리고 이런 궁금증도 생기겠지요. '걔가 왜 그랬을까?', '그 애는 무슨 생각을 하고 있었지?', '그 애 부모님은 어떤 분이었을까?'

• **상상하기**: 상상력을 발휘하면 누군가를 바로 지금 내 눈앞에 보이는 것 이상의 모습으로 그려 볼 수 있답니다. 내가 지금 보고 있는 그 사람은 어머니가 있겠고, 여동생이 있을 수도 있고, 강아지를 키울지도 몰라요. 어쩌면 염소 목장의 주인일 수도 있고, 특이하게 바다 위에 지은 집에서 사는 사람일 수도 있어요. 내가 그 사람의 삶을 구체적으로 상상하면 세세한 부분이 점점 더 현실적으로 보이게 돼요.

• **비슷한 점 인식하기**: 때로 배우는 자신이 맡은 등장인물에 정이 안 가거나 그 인물과 연결고리를 찾는 데 어려움을 느끼기도 해요. 이런 경우에 배우는 등장인물과 자신의 공통점을 찾으려고 합니다. 우리는 남들과 얼마나 다른지 생각할 때가 많은데, 사실 비슷한 점을 찾으면 상대방의 관점을 더욱 잘 이해할 수 있답니다. 내가 맡은 등장인물도 나처럼 젤리나 민트초코 아이스크림이나 블루베리를 좋아할 수도 있어요. 내가 즐겨 보는 텔레

비전 프로그램이나 책이나 영화를 좋아할 수도 있고요. 아마 나와 등장인물 사이에 어떤 공통점이 있을 거예요. 비슷한 부분을 찾아서 정리해 보세요. 그러면 그 인물의 눈을 통해 보는 데 도움이 될 거예요.

⭐ 연습하기

자, 여러분이 직접 배우가 될 준비가 됐나요? 이제 여러분은 가상의 영화에서 가상의 역할을 맡게 될 거예요. 준비됐지요?

> 나는 서울에서 태어난 열 살짜리 여자아이다. 내가 한 살 때 가족이 강원도의 시골 동네로 이사를 갔다. 난 도시에서 살았던 기억이 아예 없고, 시골에서 사는 걸 좋아한다. 한가할 때면 늘 밖에서 놀며 시간을 보낸다. 나는 언니 한 명, 여동생 한 명이 있다. 둘 다 나에게는 절친 같은 존재다. 우리 세 명은 항상 붙어 다니며 잘 논다. 나는 망고라는 강아지를 키우는데 망고는 내 곁을 한시도 떨어지지 않는다. 부모님 두 분 다 우리와 함께 산다. 엄마는 근처 학교의 과학 선생님이고, 아빠는 서점 주인이다.

아래의 질문으로 시작해 봐요.

1. 어떤 부분에 호기심이 생기나요?
2. 이 아이에 대해서 뭐가 궁금한가요?

3. 이 아이의 삶이 어떨 것 같다고 상상되나요?

아래 문장은 여러분의 대사예요. 자신이 맡은 배역의 '목소리'로 말하도록 해 보세요.

대사 1: "도시로 다시 이사를 간다니 너무 신나. 높은 건물들이 빨리 보고 싶어. 자동차랑 버스에서 나는 소음도 좋아."

대사 2: "부모님이 내가 일주일 내내 매일 다른 학원을 가도록 등록했다니 믿을 수가 없어."

대사 3: "난 그냥 밖에 나가고 싶어. 신선한 공기를 쐬고 싶을 뿐이라고. 강원도가 그리워."

해 보니 어때요? 이 인물이 어떻게 생각하고 느끼고 행동했는지 계속 호기심이 생기고 궁금하고 상상할 수 있었나요? 위의 대사를 읽었을 때 알아차린 건 무엇이었나요?

_____
_____
_____

관점 점검

　다연이는 너무 피곤하다. 간밤에 잠을 충분히 못 잔 데다 아침에 깼는데 기분도 별로다. 침대에서 나가고 싶지가 않다. 부모님은 다연이가 제시간에 안 일어난다고 언성을 높인다. 엄마는 다연이를 재촉하며 학교에 갈 준비를 시키고, 다연이는 입고 싶었던 티셔츠를 찾을 수가 없다. 여기저기 뒤지다가 언니의 방에서 겨우 티셔츠를 찾는다. 다연이는 물어보지도 않고 티셔츠를 빌려간 언니에게 불같이 화를 낸다! 드디어 집을 나설 준비가 다 되자 엄마는 다연이에게 준비 시간이 너무 오래 걸렸다고 성을 내며 다연이를 부랴부랴 문밖으로 밀어 보내는데, 밖에는 비가 쏟아지고 있다.

　그날 다연이는 학교에 지각을 하고 창피해한다. 1교시가 과학이라 폴더를 뒤져 숙제를 찾는데 집에 두고 온 사실을 깨닫는다. 눈물이 난다. 기분이 최악이다! 우는 모습을 아무에게도 보여주고 싶지 않아서 화장실로 간다.

　다연이는 생각한다. '이거 진짜 너무하잖아! 내 인생은 망했어! 아무것도 제대로 되는 게 없어. 올해 성적은 엉망이겠네. 쉬는 시간에도 쉴 생각 말고 빨리 숙제나 다시 해야겠지. 내가 집에서 진짜로 숙제를 했다는 것을

선생님은 절대 안 믿을 거야. 이 순간 모든 게 너무너무 비참해진다.'

⭐ 알아두기

이런 경험을 한 사람이 다연이만은 아닐 거예요. 우리는 누구나 어떤 상황에서 아예 정신을 못 차리고 우왕좌왕하는 순간을 겪곤 해요. 인생이 내 뜻대로 흘러가지 않을 때나, 이것저것 온갖 일이 잘못 돌아가는 상황과 마주할 때면 만사가 끔찍하다고 느낄 수밖에 없지요. 좌절감이 들고 우울해질 거예요. 감정은 주체할 수 없이 점점 커지는 것 같고, 동시에 상황은 실제보다 훨씬 더 나쁘게 느껴지기 시작해요.

끔찍한 기분 속에 잠겨 있을 때면 자기 인생이 늘 이런 식으로 흘러갈 것처럼 느껴지곤 해요. 하지만 현실은 절대 그렇지 않아요. 사실상 감정은 일시적인 것이랍니다. 우리가 영원히 행복하기만 할 수 없듯이 영원히 엉망인 기분인 채로 살기도 불가능해요. 마치 날씨 같은 것이지요. 심한 폭풍우가 몰아칠 때 온 세상이 캄캄하고 물에 잠긴 것 같지만, 언젠가 폭풍은 물러날 거예요. 마찬가지로 감정도 언제나 잦아들기 마련이에요.

때로는 이런 격한 감정 때문에 관점을 잃어버리기도 해요. 다시 말해, 그 감정으로 인해 상황을 있는 그대로 보지 못하고 다르게 보게 되는 거예요. 이럴 때는 자신의 관점을 되찾아야 해요. 어떤 상황에서든 자신의 관점을 유지할 필요가 있어요.

관점을 유지한다는 건 사실과 증거, 즉 있는 그대로의 현실에 근거해서 상황을 바라보기 위해 한 걸음 뒤로 물러난다는 뜻이에요. 당장 모든 것이

끔찍하게 느껴질 때는 상황을 바라보는 여러 가지 시각이 있다는 점을 기억하기란 매우 힘든 일이겠지요. 그럴 경우를 대비해 관점 점검이라는 방법을 배워두면 도움이 돼요. 관점 점검은 앞으로도 계속 좋은 일이 일어날 수 있고, 결국 모든 것이 괜찮아질 거라는 점을 인식하도록 도와주는 방법이랍니다.

★ 연습하기

관점 점검은 상황을 더 정확하게 보는 방법이에요. 이 방법을 적용하려면 우선 지난주에 자기가 관점을 잃었을 때가 언제였는지 생각해 봐야 해요. 예를 들어, 숙제를 어디다 뒀는지 못 찾아서 괜히 우리 집 개가 숙제를 먹어버렸다며 탓했을 수도 있어요. 아니면 저녁밥이 너무너무 마음에 안 들어서 엄마한테 밥이 진짜 맛없다며 절대 안 먹겠다고 버텼을 수도 있고요. 지난주 일이 마땅한 게 생각나지 않으면 다연이의 상황을 적용해서, 만약 다연이라면 다음 질문에 어떻게 답할지 생각해 보세요.

- 이 일이 두 시간 후에 얼마나 큰 영향을 미칠까?
- 이 일이 이틀 후에 얼마나 큰 영향을 미칠까?
- 감정이 일시적이라는 점을 기억하는 것이 왜 중요할까?

집이든 학교든 어디에 있든지 위의 질문을 확인할 수 있게 적어서 들고 다니다가 필요할 때 언제든 자신의 관점을 점검해 보세요. 그렇게 하면 감정에 압도되는 기분이 들 때마다 이 질문을 자신에게 해 볼 수 있거든요(자신에게 되새기기: 단순히 이 감정이 진짜라고 느껴진다고 해서 실제로 그것이 진짜라는 뜻은 아니잖아. 실제 사실은 뭐니?).

처음에 관점 점검을 하기 시작하면 끝까지 해내기가 아주 힘들 수도 있어요. 그래도 계속해 보세요. 연습하면 할수록 점점 더 쉬워져요. 아이들은 대개 관점 점검 훈련을 1~2주 정도 하고 나면, 힘든 순간을 겪을 때 자동으로 그 방법을 적용하게 된답니다. 관점 점검이 습관화되면 그릿도 길러져요. 그릿을 키우려면 힘든 일을 포기하고 싶어도 끈기 있게 계속해 나가야 해요. 관점에 대한 이해가 깊어질 때, 그 이해도를 바탕으로 상황이 어떻게 느껴지는지 파악할 뿐 아니라 상황 자체를 있는 그대로 보게 된답니다. 결국 상황을 다르게 생각해 볼 수 있고, 그냥 포기하고 싶었을 때도 계속해 나가기로 마음먹게 되지요.

✦ 더 연습하기

다음 장의 편지지에 다연이의 기분이 나아지는 데 도움이 될 것 같은 글을 써 보세요. 편지를 쓸 때 예전에 자신이 힘겨운 일을 겪고 있고 출구도 보이지 않았던 순간에, 사람들이 나에게 말해줬더라면 좋았을 내용을 생각해 보세요.

다연이에게

무엇이 문제인가요?

찬이는 구구단 암기에 쩔쩔매고 있다. 도저히 그 많은 숫자를 외울 수 없을 것만 같아서 수학 시간이 슬슬 겁이 난다. 구구단을 소리 내서 말해야 할 때면, 아무도 그가 얼마나 구구단을 힘들어하는지 알아채지 못하게 화장실로 가버린다. 어느 날, 선생님은 찬이에게 힘들어하는 걸 알고 있으니 보충수업으로 도와주고 싶다고 말씀하신다. 그러나 찬이는 선생님의 도움이 내키지 않고 걱정만 점점 늘어간다. 급기야 구구단 시험이 있는 날, 등교하기 전에 배가 아파서 학교에 가지 못하고 집에 있게 된다. 찬이는 선생님이 자신에게 실망할 것이라고 생각한다. 찬이는 자기가 수학을 얼마나 못하는지 부모님이 모르기를 바란다. 혹시 아시면 화를 낼 것 같아서다.

★ 알아두기

찬이처럼 우리도 해결 방법이 떠오르지 않는 문제를 안고 살아갑니다. 간혹 문제가 너무 어려워서 도대체 어디서부터 시작해야 할지 모르는 경우도 있어요. 이럴 때 끈기와 투지가 있는 아이들은 문제를 확인하는 것에서 출발한답니다. 그게 간단한 것처럼 들리지만 생각만큼 쉽지 않을 때도 있어요. 잠재적인 문제가 한 가지 이상일 때 특히나 골치가 아프잖아요!

⭐ 연습하기

자, 여기서 찬이의 문제는 무엇일까요? 자신이 생각하기에 적합한 것에 동그라미를 쳐 보세요. 한 가지 이상일 수도 있어요.

- 구구단을 암기하는 데 어려움을 겪는다.
- 수학 수업을 겁낸다.
- 구구단을 공부하지도 않고 암기 연습도 안 한다.
- 선생님이 찬이에게 실망한다.
- 찬이가 수학을 얼마나 못하는지 알면 부모님이 화를 낼 것이다.

좋아요. 적어도 한 가지 문제 정도는 확인했을 텐데, 아마 다른 문제도 있을 거예요. 자기가 동그라미 친 문제를 다시 보면서 해결하기 가장 쉬운 것부터 가장 어려운 것까지 순서를 매겨 보세요.

어떤 문제가 가장 쉬운지 확인하면 해결 가능성이 가장 높은 것이 무엇인지도 눈에 들어옵니다. 만약 문제가 절대로 해결될 수 없는 것처럼 보인다면 우리는 뒷걸음질을 치며 포기하는 경향이 있거든요. 하지만 우리가 관점을 바꿔서 문제를 다른 식으로 볼 줄 안다면 그 문제를 해결할 수 있는 더 나은 기회가 생기는 것이랍니다. 일단 가장 쉬운 문제부터 시작하면 그게 해결 가능한 문제임을 깨닫게 되는 것이지요.

　예를 들어, 여러분의 선생님이 세상에서 가장 자상한 사람이라면, 자기 선생님이 그리 훌륭하지 않다고 생각하는 다른 누군가보다 '선생님이 찬이에게 실망한다'는 문제를 더 높은 순위에 올렸겠지요. 다시 말해서, 선생님을 많이 좋아하는 사람일수록 만약 선생님이 자기한테 실망하면 어쩌나 하고 더 많이 신경 쓸 거예요.

★ 더 연습하기

　문제를 확인한 후, 다음 단계는 '계획 세우기'입니다. 찬이의 문제를 해결하기 위해 여러분은 어떻게 할 건가요?

- 문제를 명확히 정의하기. 구체적으로 정리하기.

- 가능한 해결책 한두 가지는 무엇일까?

- 어떤 해결책을 처음 시도해 보고 싶은가? 그 이유는?

- 언제 그 방법을 시도할 것인가? 얼마나 자주 시도해 볼 것인가?

문제 해결 계획

· 1 ·
문제를 명확히 정의하기.
구체적으로 정리하기.

_____
_____
_____

· 2 ·
가능한 해결책
한두 가지는 무엇일까?

_____
_____
_____

· 3 ·
어떤 해결책을 처음 시도해
보고 싶은가? 그 이유는?

_____
_____
_____

· 4 ·
언제 그 방법을 시도할 것인가?
얼마나 자주 시도해 볼 것인가?

_____
_____
_____

SEE를 합시다!

원호는 엄마의 아이패드로 게임을 하느라 너무 늦게까지 잠을 안 잤다. 다음 날 아침, 그는 피곤해하며 성질을 부렸다. 슈가맛 시리얼 한 그릇을 급히 먹는 둥 마는 둥 하고 피곤한 몸을 억지로 끌고 나가 버스에 올랐다. 그날 원호는 친구와 함께 학교에서 고대 그리스에 관한 과제를 같이 했는데, 원호의 친구가 과제물에 실수를 했을 때 과연 어떤 일이 벌어졌을까? 그렇다. 예상했던 대로, 원호는 발끈 성을 냈고 자신의 관점을 잃어버리고 말았다. 원호는 친구에게 멍청하다고 쏘아붙이고는 허락도 없이 교실을 박차고 나가버렸다.

★ 알아두기

그릿을 기르는 첫 번째 단계 중 하나는 우리의 뇌와 몸을 잘 보살피는 거예요. 씨앗은 비옥한 땅에 심겨 햇볕도 충분히 쐬고 물도 충분히 공급받을 때 가장 잘 자란답니다. 만약 자신의 그릿이 자라는 걸 보고SEE 싶다면 다음 단어대로 따라 해 보세요.

• 잠Sleep : 밤에 9~10시간 잘 자기

• 운동Exercise : 두뇌가 최상의 능력을 발휘하도록 신체 운동하기

• 건강한 식단Eating well : 신선한 과일, 채소, 단백질을 포함해 골고루 잘 먹기

그럼 원호와 함께 SEE 작전을 실행에 옮겨 볼까요? 아래의 각 문장 밑에 원호가 SEE 훈련을 좀 더 확실히 수행하는 데 도움이 되는 것이 무엇일지 적어 보세요(앞에서 정리했듯이 SEE 훈련은 잠Sleep, 운동Exercise, 건강한 식단Eat well입니다).

원호의 이야기 중 다음 문장에서 어떤 문제가 보이나요?

'원호는 엄마의 아이패드로 게임을 하느라 너무 늦게까지 잠을 안 잤다.'

_____

_____

_____

'다음 날 아침, 그는 피곤해하며 성질을 부렸다. 슈가맛 시리얼 한 그릇을 급히 먹는 둥 마는 둥 하고 피곤한 몸을 억지로 끌고 나가 버스에 올랐다.'

_____

_____

_____

늦게까지 잠을 안 자고 전자 기기를 사용하는 것은 두뇌에도, 신체에도 좋지 않아요. 여러분 또래의 어린이들이 최상의 상태를 유지하려면 9시간 이상은 잠을 자야 해요. 잠자기 직전에 전자 기기를 사용하는 것도 당연히 좋지 않아요. 과학자들은 숙면을 방해하는 기계장치의 불빛 때문에 생기는 갖가지 문제를 밝혀냈어요. 게다가 우리의 뇌가 기기 자체의 정보에 반응하는 방식이 우리를 계속 깨어 있게 만든다고 해요. 잠자기 전에 적어도 2시간 동안은 전자 기기를 사용하지 말아야 합니다.

어떤 것이 우리의 뇌와 신체에 가장 좋은 연료를 공급하는지 기억나나요? 슈가맛 시리얼인가요? 아니죠. 우리 뇌와 신체는 과일, 채소, 단백질 같은 양질의 음식을 먹을 때 가장 잘 작동한답니다.

★ 더 연습하기

이 이론이 맞는지 시험해 보고 싶은가요? 잠, 운동, 건강한 식단이 우리의 기분과 그릿 수치에 변화를 주는지 확인해 보고 싶나요? 그럼 이번 주에 얼마나 푹 자고, 열심히 운동하고, 골고루 잘 먹는지 확인해 보기 위해 다음 장의 표를 사용해 보세요.

요일	어젯밤에 몇 시간 잤나요?	오늘 몇 분 동안 운동 했나요?	오늘 과일, 채소, 단백질을 섭취했나요?	오늘 기분이 어떤가요? 1-10 (1=최악, 10=최고)	오늘 그릿 수치는? 1-10 (그릿 측정계 사용)
월요일					
화요일					
수요일					
목요일					
금요일					
토요일					
일요일					

자신이 SEE 작전을 얼마나 잘 따랐는지 기록해 본 후에 알게 된 점이 있나요? 한 친구의 이야기를 들려줄게요. 그 친구는 일주일간 자신이 얼마나 자고, 운동하고, 먹었는지 쭉 기록해 봤대요. 그러고는 매일 운동을 하면 얼마나 큰 변화가 있는지 알고 나서 깜짝 놀랐답니다. 날마다 너무 힘든 운동은 하고 싶지 않아서 다른 방법들도 시도해 봤어요. 아빠랑 개를 데리고 산책을 하거나, 쉬는 시간에 술래잡기를 하고 노니까 기분도 한결 좋아지고 꿀잠을 잔다는 걸 알았지요. 그리고 그릿 수치도 점점 올라가기 시작했어요. 정말 즐거운 한 주를 보낸 거예요!

그릿 작동

★ 알아두기

　운동은 신체에 도움이 될 뿐만 아니라 뇌에도 도움이 돼요. 혈액 순환을 원활하게 하고, 기분이 좋아지게 하고, 기억력도 향상시키고, 문제 해결 능력도 높여주지요. 과학자들이 연구해 보니 운동을 하는 아이들이 시험 성적도 더 좋고, 더 자신감 있게 행동하고, 더 행복한 기분을 느낀다는 결과가 나왔어요.

　이런 연구 결과를 들었으니 운동과 그릿이 단짝처럼 어울리는 한 쌍이라는 말이 그리 놀랍지 않을 거예요. 그릿은 노력을 먹고 자란답니다. 그리고 운동은 그릿을 기르는 데 크나큰 도움을 줘요. 왜냐하면 운동은 아이든 어른이든 좀 더 노력할 수 있는 에너지가 생기도록 도와주거든요. 사람들이 운동을 하면 걱정을 덜 하게 된다는 연구 결과까지 있다는 걸 알고 있나요? 아이들뿐만 아니라 모든 사람은 상황이 어려워질 때 그것을 견뎌내려면 두뇌를 최상의 상태로 유지해야 해요. 몸을 돌보는 것은 뇌를 돌보는

데 도움이 될 뿐만 아니라 그릿도 성장시켜 준답니다.

⭐ 연습하기

운동이 정말로 기분에 도움을 줄까요? 이 말이 맞는지 한번 시험해 봐요.

1. 감정 측정계를 보고 현재 기분의 등급을 매긴다.

2. 60초로 타이머를 맞추고 그 시간 동안 최대한 많이 팔 벌려 뛰기를 한다.

3. 15초로 타이머를 맞추고 휴식을 취한다.

4. 60초로 타이머를 맞추고 다시 최대한 많이 팔 벌려 뛰기를 한다.

5. 두 번째 팔 벌려 뛰기를 마친 직후 재빨리 기분의 등급을 매긴다.

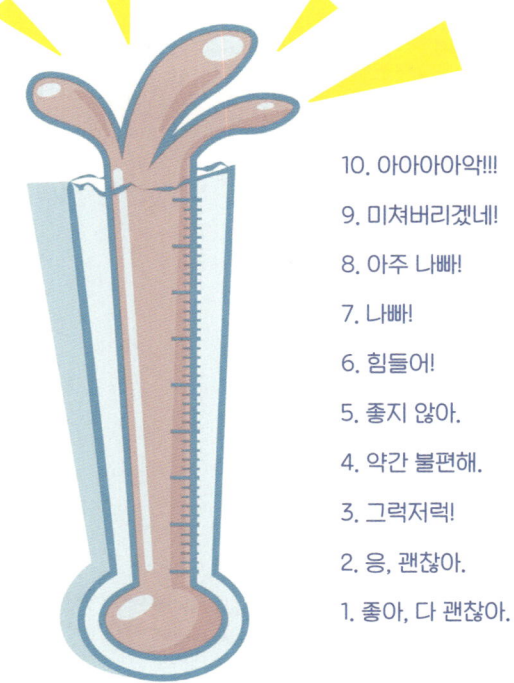

10. 아아아아악!!!
9. 미쳐버리겠네!
8. 아주 나빠!
7. 나빠!
6. 힘들어!
5. 좋지 않아.
4. 약간 불편해.
3. 그럭저럭!
2. 응, 괜찮아.
1. 좋아, 다 괜찮아.

감정 측정계

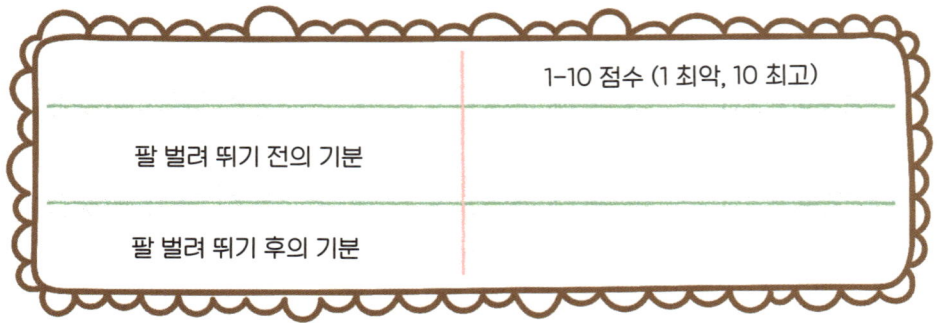

이 짧은 실험을 하고 나서 무엇을 알게 되었나요? 연구원이 된 기분으로 아래에 실험 결과를 적어 보세요.

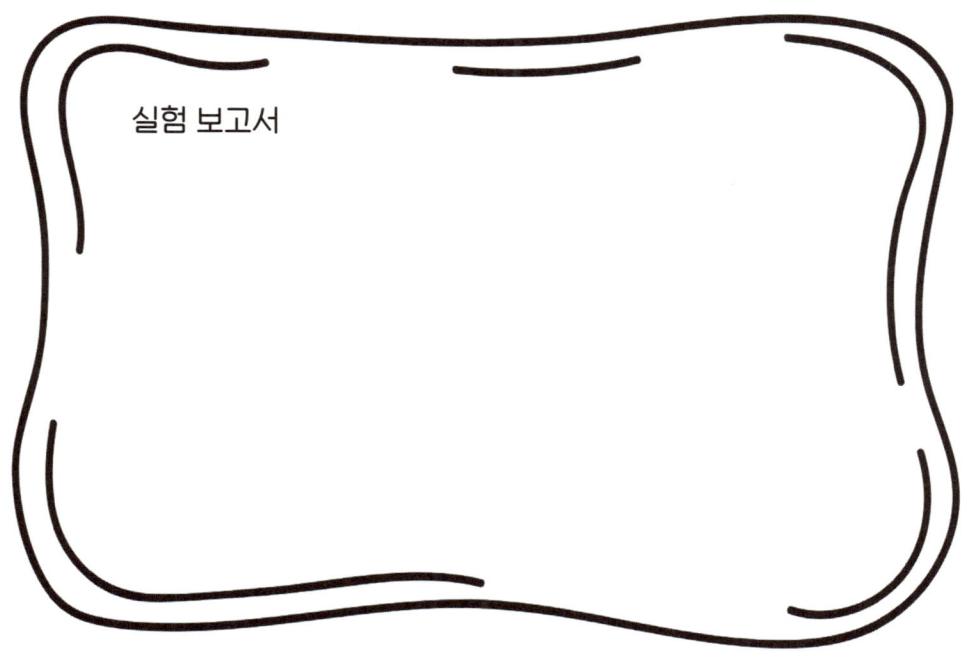

✦ 더 연습하기

운동이 기분과 그릿에 어떻게 영향을 미칠 수 있는지 다시 한 번 시험해 봐요. 차분히 앉아서 아래의 미로를 풀어 보세요.

시간이 얼마나 걸렸나요? 소요 시간을 적어 보세요: _____

이제 60초 동안 팔 벌려 뛰기를 하고 15초 동안 휴식을 취한 다음, 다시 60초 동안 팔 벌려 뛰기를 해 보세요. 마치자마자 바로 앉아서 미로를 풀어 보세요. 다시 차분하게 풀어 보는 거예요.

시간이 얼마나 걸렸나요? 소요 시간을 적어 보세요: _____

아마도 팔 벌려 뛰기를 하고 난 후 미로를 더 빨리 풀었을 거예요. 여러분의 뇌가 더 효율적으로 작동하고 있어서 문제를 더 잘 풀 수 있었을 거예요. 멋지지 않나요? 규칙적인 운동은 그릿을 기르는 데 중요한 역할을 하는데, 가끔 짧고 강도 높은 운동을 해도 두뇌 기능 향상에 도움이 된답니다. 뇌가 최상의 상태일 때는 단순히 머리 회전이 빨라지고 문제를 빨리 해결하는 것뿐만이 아니에요. 더 차분해지고, 더 능숙하게 관점을 유지할 수 있고, 더 효율적으로 문제를 해결할 수 있어요.

재충전

　정연이는 바쁘게 지내는 걸 좋아했다. 친구들과 어울리고, 여행 스포츠 팀에서 활동하고, 걸스카우트단과 함께 지내고, 미술 수업을 듣고, 학교 공부도 열심히 했다. 이 모든 활동이 멋진 일이었지만 정연이는 자신이 피로감을 느낀다는 것을 깨달았다. 하고 싶은 모든 것을 전부 할 수는 없었다는 이유만으로 정연이는 스트레스를 받고 짜증이 났다. 평일 저녁마다 할 일들이 있었고, 주말도 마찬가지로 바빴으니까!

　엄마는 정연이에게 특별한 할 일 없이 그냥 시간을 보내 보는 게 어떻겠냐고 했다. 한가하게 보낼 시간을 내기 위해 정연이의 바쁜 일정 중에 뭔가를 포기해야 할 수도 있는데, 그래도 괜찮다고 설명했다. 정연이도 그러겠다고 했고 활동을 줄일 몇 가지 방법을 찾아냈다. 개를 데리고 밖에서 노는 시간을 늘렸다. 때로는 느긋하게 풀밭에 누워 하늘을 쳐다보며 시간을 보내기도 했다. 기분이 정말 좋았다. 그저 재미로 책을 읽기 시작했는데 그 역시 기분이 좋았다. 정연이는 여전히 많은 활동을 즐겨 했지만 활동을 약간 줄이면 재충전할 시간이 더 많아진다는 사실을 깨달았다.

⭐ 알아두기

상황이 어려워질 때는 진득하게 일을 계속해 나가려면 에너지가 필요해요. 잠을 충분히 자고 잘 먹고 운동을 하면 에너지가 생긴다는 건 이미 앞에서 배웠지요. 그런데 그것 말고도 알아둘 것이 있어요. 편하게 쉬고 즐기는 시간을 보내도 실제로 에너지가 생긴답니다! 자신을 위해 시간을 보내면 몸과 마음의 긴장을 풀고 여유를 찾는 기회가 생기기 때문에 그릿을 높이는 데 도움이 되거든요.

쉰다는 건 꼭 침대에 누워 있거나 소파에 앉아 있다는 뜻은 아니에요. 물론 가끔 그럴 때도 필요하지만요. 사실상 아무것도 안 하는 것보다는 무엇인가를 하는 것이 마음을 느긋하게 해주곤 해요. 그런데 여기서 '무엇'을 하는지가 중요합니다. 많은 아이들이 게임기로 게임을 하거나 동영상을 볼 때 마음이 더 편해지는 느낌이라고 이야기해요. 그 순간에는 재미있을 수도 있지만, 그건 그릿을 키워주는 휴식이 아니랍니다. 과학자들이 게임이나 동영상의 화면을 보는 아이들을 연구해 봤더니, 전자 기기는 우리의 뇌가 휴식을 취하기 힘들게 만든다는 결과가 나왔대요. 게다가 전자 기기를 사용하면 실제로 에너지를 빼앗기고 짜증이 나고 집중력이 저하될 수 있어요.

과학자들은 야외 활동이 에너지를 높이는 데 훌륭한 방법이라고 얘기해요. 자연 속에 있으면 아이들은 스트레스를 덜 받는대요. 놀이터든, 공원이든, 뒷마당이든, 야외에서 시간을 보내는 것이 최고의 휴식이랍니다.

 **연습하기**

다음은 아이들이 휴식을 취하고 재충전할 때 쓰는 몇 가지 방법입니다.

- 훌라후프
- 그림 그리기
- 명상
- 음악 듣기
- 노래 부르기
- 달리기
- 스케이트보드 타기
- 공작 놀이
- 악기 연주
- 혼자 조용한 시간 보내기
- 독서
- 농구
- 자전거 타기
- 춤추기
- 친구랑 놀기
- 그냥 재미있게 놀기

이것 말고도 우리가 잊은 게 있을까요? 각자 자기만의 '재충전' 아이디어를 더 적어 보세요.

_____

_____

_____

_____

자기에게 최고의 재충전 방법 3가지는 무엇인가요? 아래에 적어 보세요.

1.
_____
_____
_____

2.
_____
_____
_____

3.
_____
_____
_____

언제 재충전할 시간을 낼 수 있는지 적어 보세요.

_____
_____

재충전할 시간을 찾을 수가 없는데 스트레스가 너무 많다면, 자신의 바쁜 일정 중에 어느 정도 시간을 비우는 문제를 두고 부모님과 진지하게 의논해 봐야 할 때입니다.

빡빡한 일정에서 짬을 내는 게 말이 안 된다고요? 충분히 이해해요. 그렇지만 재충전을 위해 진지하게 노력해야 해요. 여러분과 부모님이 함께 재충전하는 시간을 보내는 일정을 짤 수도 있답니다(장담하는데 부모님도 재충전의 시간이 많지 않을 거예요. 부모님 대부분이 그래요).

⭐ 더 연습하기

여러분은 얼마나 충전되어 있나요? 일상생활 중 나도 모르는 사이에 슬슬 에너지가 빠져나가 방전되기 쉽지요. 우스운 이야기지만, 우리는 정작 자신의 충전 상태보다는 핸드폰이나 게임기의 충전 상태에 더 민감한 것 같네요. 다음 장의 도표를 사용해서 한 주 동안 자신의 충전 상태를 확인해 봐요. 매일 같은 시간에 배터리를 색칠하고 표에다가 시간을 적어 보세요. 부모님과 같이 해 봐도 좋은 연습이에요. 자신의 충전 상태가 좋은지 나쁜지 알 수 있는 문장을 자유롭게 추가해도 좋아요.

· 충전 상태 ·

 나의 에너지를 충전시킨 것은?
:)

 나의 에너지를 빼앗아간 것은?
:(

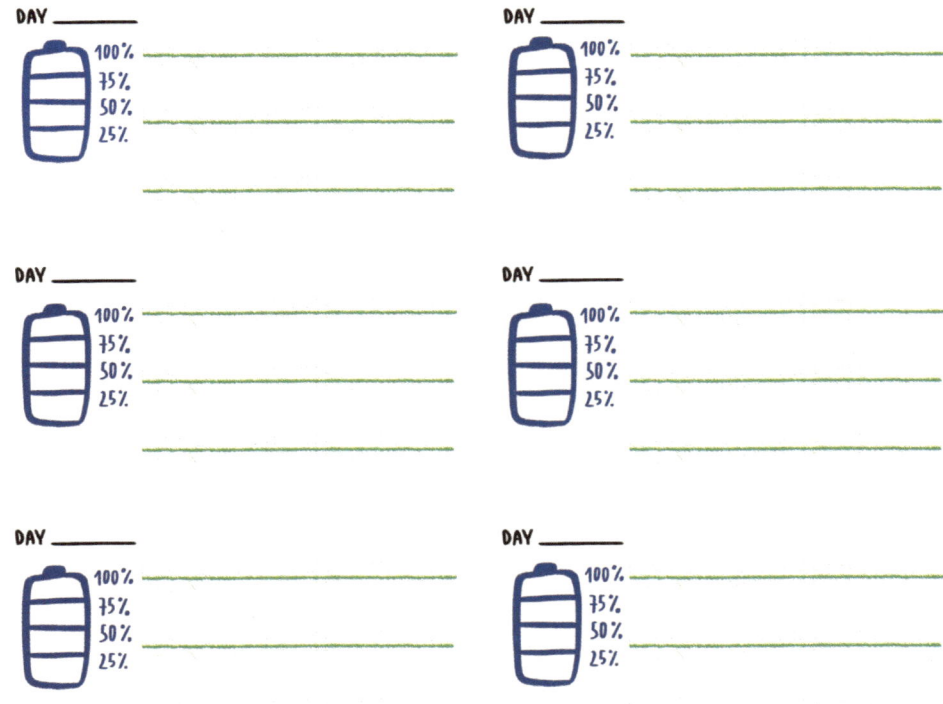

조율하기

　준휘는 첼로 연주에 늘 진지하게 임한다. 하루도 연습을 빼먹지 않고 한 번에 한 시간씩 쉬지 않고 연습할 때도 있다. 준휘가 첼로를 연주하려고 자리에 앉을 때 제일 먼저 하는 일은 악기를 조율하는 것이다. 첼로를 조율한다는 것은 소리가 정확한지 확인한다는 뜻이다. 준휘는 혹시 첼로에서 너무 높은 소리가 나면 소리를 조정해서 낮추고, 음정이 맞지 않으면 소리를 들으면서 현의 조임 상태를 바꿔가며 음정을 맞춘다. 만약 준휘가 악기를 조율하기 전에 연주를 시작하면 첼로는 제대로 된 소리를 내지 못할 테고 연주곡을 망치게 될 것이다. 조율은 연주에서 가장 첫 번째 단계다.

⭐ 알아두기

　마음챙김(Mindfulness)은 마치 준휘가 첼로를 조율해서 더 좋은 소리가 나게 만들 듯이, 우리의 마음이 조금 더 잘 작동하도록 도와주는 도구 같은 것이에요. 마음챙김은 어떤 것에 제대로 주의를 기울일 수 있게 집중하는 방법이에요. 마음챙김 상태에 있을 때 자신이 처한 순간과 지금 하고 있는 일에 완전히 집중하게 돼요. 그건 마치 '일시 정지' 버튼을 누르고 지금 이 순간 자신을 둘러싸고 있는 것에만 집중하는 훈련이랍니다.

아이들은 하루 동안 하는 일이 참 많아요. 학교도 가야 하고, 숙제도 해야 하고, 집안일도 도와야 해요. 물론 이게 다가 아니에요. 각종 과외 활동과 학원 스케줄은 아직 넣지도 않았잖아요! 마음챙김 의식을 키우면 중요한 일에 집중하기가 더 쉬워져요. 마음챙김을 하면 그릿에 집중하기도 더 쉬워지지요. 과거나 미래에 집중하지 않고 바로 이 순간, 지금 이 시점에 관심을 두도록 도와주기 때문이에요.

마음챙김 상태라는 건 문제를 못 본 척한다거나, 모든 게 괜찮은 척한다거나, 자신의 감정을 무시한다는 뜻이 아니에요. 마음챙김 상태는 사실 그 모든 것에 정면으로 대응하는 경험을 뜻해요.

✨ 연습하기

마음챙김은 인식과 관련이 있어요. 우리가 마음챙김에 돌입한다는 것은 상황을 정말 있는 그대로 보기로 하는 거예요. 그럼 한번 시험해 볼까요?

먼저 똑바로 서서 타이머를 20초로 맞춰 보세요. 20초 동안 마음에 드는 아무거나 생각해 봐요. 학교, 친구, 날씨 등등 어떤 생각이든 좋아요. 그냥 가만히 서서 20초 동안 생각한 후 다음의 질문에 답해 보세요.

어떤 경험이었어요? _____
_____
_____

무슨 생각을 했어요? _____
_____
_____

얼마나 마음이 편했어요? 하나를 골라 봐요.

(약간)   (보통 정도)   (아주 많이)

　자, 이번에도 똑같이 해 보는 거예요. 단, 마음을 집중해서 해 보세요. 타이머를 20초로 맞춘 다음 똑바로 서서 발을 바닥에 단단히 고정해요. 발밑의 땅을 느끼려고 해 봐요. 발이 바닥에 고르게 닿게 해 보세요. 호흡에 집중하고, 두 다리가 단단히 고정된 느낌과 팔의 움직임에 집중해요. 과거나 미래의 다른 일이 생각나기 시작하면 지금 이 순간으로 생각을 다시 끌어와요. 바닥을 단단히 밟고 있는 두 발, 두 손, 두 다리, 호흡을 생각해요. 그 기분이 어떤지 확인한 후 다음의 질문에 답해 보세요.

어떤 경험이었어요? _____
_____
_____

무슨 생각을 했어요? _____
_____
_____

얼마나 마음이 편했어요? 하나를 골라 봐요.

(약간)   (보통 정도)   (아주 많이)

　두 번째 연습이 더 편안했나요? 누가 여러분의 모습을 봤다면 첫 번째와 두 번째 모두 똑같이 했다고 생각할 수도 있어요. 겉으로 보기에는 별반 다를 게 없거든요. 그런데 상당히 다른 느낌이 들었을 거예요.

　마음챙김은 여러분이 언제 어디서나 할 수 있는 훈련이에요. 감당하지 못할 상황에서 어쩔 줄 모를 때, 스트레스가 점점 차오를 때, 자신을 그 순간에 집중시키는 연습을 해 보세요. 몸과 마음을 진정시켜주는 쉬운 방법이에요.

그라운딩

연습 27

승주는 스트레스를 받거나 어쩔 줄 모르는 감정 상태일 때, 주변 상황에 집중하는 것을 힘들어한다. 쉽사리 발끈하고 마음을 가라앉히는 데 어려움을 겪는다. 승주는 그릿을 기르고 싶어 하지만, 자기 주변의 세상이 너무 분주하고 산만하고 시끄러울 때는 간혹 그릿에 제대로 집중하지 못한다. 승주에게 필요한 건 상황이 벅찰 때 심신을 진정시킬 방법이다.

★ 알아두기

그라운딩Grounding●은 승주가 골치 아픈 일로 머리가 빙빙 돌 때 써 볼 만한 기법이에요. 땅속 깊이 뿌리를 내린 아름드리나무 한 그루를 상상해 봐요. 단단한 뿌리가 나무를 제자리에 굳건히 붙들어주고 있어요. 우리가 지면에 단단히 발을 딛고 서 있을 때면 바람이 아무리 소용돌이치더라도

● 지금의 현실감을 유지하는 것을 의미해요. 감정적 혼란을 겪을 때 고통에서 벗어나 현실에 집중할 수 있도록 돕는 방법이에요. 정신적 그라운딩, 신체적 그라운딩, 진정형 그라운딩이 있어요.

꿈쩍도 않고 가만히 있는 나무처럼 되는 거예요. 간단하지만 효과가 아주 큰 방법이에요. 한번 해보기로 해요.

 **연습하기**

오감 훈련은 정서적 균형을 회복하기 위해 언제 어디서든 따라 해 볼 수 있는 그라운딩 훈련이에요. 여러분이 뭘 하고 있는지 아무도 눈치채지 못할 거예요! 몇 분간 자신의 오감에 집중하기만 하면 되거든요.

시작하기 전에 코로 숨을 들이마시고 입으로 숨을 내쉬는 호흡을 다섯 번 해 보세요(편도체 편돌이 기억나지요? 이렇게 숨을 쉬면 약간 차분해지고 그라운딩 훈련이 좀 더 잘 된답니다).

5. 바로 지금 자기 주변에 보이는 것 다섯 가지를 정하고 머릿속으로 나열해 봐요. 창밖의 나무, 책상 위 연필, 책장의 책, 바닥에 있는 머리띠, 탁자 위에 놓인 줄 등을 고르면 돼요. 셀 수 있는 거면 아무거나 괜찮아요.

4. 주변에 있는 네 가지 물건을 만져 보고 어떤 느낌인지 느껴 봐요. 지금 앉아 있는 의자의 매끈한 표면, 자기 머릿결, 티셔츠의 부드러운 옷감, 손에 쥔 연필의 울퉁불퉁한 가장자리 등에 촉각을 집중시켜요. 손으로 만질 수 있는 건 뭐든 좋아요. 다만 그 물건의 감촉을 자기가 확실히 느끼기만 하면 돼요.

3. 주변의 소리 세 가지에 귀를 기울여 봐요. 소리에 주의를 집중하면 에어컨의 윙윙거리는 소리, 연필로 종이를 긁는 소리, 컴퓨터 자판을 두드리는 소리 등을 알아챌 거예요. 각각 다른 세 가지 소리를 들어 봐요.

2. 주변의 냄새 두 가지를 맡아 봐요. 손을 씻을 때 나는 비누 냄새를 알아챌 거예요. 물병에서 금속 냄새 같은 걸 맡을 수도 있어요. 일부러 신경 쓰지 않아도 미묘하게 냄새를 느끼기도 해요.

1. 주변에 있는 한 가지의 맛을 봐요. 이미 입 안에서 어떤 맛이 느껴질 수도 있어요. 입속에서 느껴지는 맛에 집중해요. 아침에 양치할 때 사용한 치약 맛이 느껴지나요?

머릿속이 너무 복잡해서 터질 것 같을 때는 안정감을 되찾고 차분하게 마음을 다스리기 위해 오감 훈련을 따라 해 보세요.

자연의 도움

방과 후에 집에 온 은우는 부모님이 집에 안 계셔서 밖에 나갈 수 없었다. 부모님이 오실 때까지 집에 있어야 했다. 하지만 상상 속에서는 밖에 나갈 수 있었다. '난 지금 뒷마당에 나와 있다.' 은우는 눈을 감고 혼자 생각했다. '우람한 나무 한 그루가 있다. 무슨 나무인지는 모르겠는데 껍질은 갈색이고 잎사귀는 부채만큼 커다랗다. 나무에 기대 봤더니 몸통이 정말 튼튼하고 단단하게 느껴진다. 편안하고 안전한 기분이 든다. 여기 나무 아래에 있으니 모든 것이 좀 더 평화로워 보인다. 땅은 촉감이 좋고 시원하다. 내가 기댄 나무둥치는 단단하고, 나뭇잎들은 그늘을 만들어주고, 새소리와 간간이 들리는 귀뚜라미 소리가 참 좋다.'

★ 알아두기

수많은 연구 결과에서 보여주다시피, 밖에 나가 자연 속에서 시간을 보낼 때 기분이 더 좋아지고 재충전도 더 쉽게 된다고 합니다. 자연에서 시간을 보낸 후 심장 박동수가 내려가고 호흡이 더 느려지며 깊어진다고 하는 사람들도 있어요. 자연이 우리의 스트레스 수치를 자동으로 재설정하는 역할을 하는 것이나 마찬가지예요. 우리 마음에서 스트레스가 빠져나가면 그만큼 그릇을 더 많이 채울 공간이 생기는 것이랍니다.

과학자들의 연구에 따르면, 사람들이 밖에 나가 자연 속에 있을 때 더 차분함을 느낀다고 해요. 녹지 공간(예를 들어 공원이나 숲)에 있으면 20분 이내에 스트레스가 줄어들고 행복감을 더 느끼게 돼요. 인간은 전자 기기에 시간을 쏟기보다 밖으로 나가서 신선한 공기를 쐴 때 기분이 더 좋아지도록 타고난 것 같아요. 심지어 밖에 더 오래 있을수록 더 친절하게 행동한다는 연구 결과도 있다니까요!

일본에는 '산림욕'이라는 전신 운동도 있어요. 숲에서 목욕을 한다는 말이 아니에요! 숲속으로 들어가서 아름다운 나무와 잎사귀와 풀과 소리와 냄새에 전신이 휩싸이는 것이랍니다. 그 모든 것 안에 푹 잠기게 돼요. 감각으로 만끽하는 자연 목욕 같은 거예요.

✨ 연습하기

시골에 사는 사람은 자연에서 보낼 시간을 내기가 쉽겠지요. 반면에 도시에 사는 사람은 자연을 만끽하기가 다소 힘들 테지만, 도시에도 공원이나 풀밭이나 나무는 있잖아요. 뒷장에 있는 사각형 안에 여러분의 집 근처에 자연 재충전을 하러 나갈 만한 공간을 배치해 보세요. 자기가 제일 좋아하는 나무, 벤치가 있는 그늘진 곳, 엎드려서 책을 읽고 싶은 풀밭 언덕

같은 것을 그려 보는 거예요.

그 나무에는 재충전에 안성맞춤인 그네나 나무집이 있을 거예요. 벤치는 정원 옆에 있고 그 정원에는 여러분이 좋아하는 향기를 품은 꽃, 기분 좋은 소리로 지저귀는 새, 보고 있으면 즐거운 다람쥐들이 있겠지요. 여러분이 재충전하는 데 도움이 될 만한 건 뭐든 지도에 그려 보세요!

⭐ 더 연습하기

휴가나 방학이 기다려지나요? 그럴 때 제일 가고 싶은 곳은 어디인가요? 산? 호수? 캠핑장? 바닷가? 휴가 기간은 재충전하기에 절호의 기회이긴 한데, 자주 있는 것이 아니라 아쉬워요. 만약에 여러분이 원할 때마다 휴가를 갈 수 있다면 어떨까요? 이제 '3분 휴가'라는 훈련을 해 볼 거예요. 그저 마음속으로 생각만 하면 된답니다! 준비됐나요?

처음에 누군가가 아래의 내용을 한두 번 읽어주는 게 도움이 될 텐데, 주변에 아무도 없으면 혼자 해도 괜찮아요. 필요할 때마다 그냥 눈을 뜨고 내용을 읽은 다음, 1분간 이미지에 다시 집중하면 돼요. 아니면 자기가 직접 소리 내서 읽으며 목소리를 녹음해서 재생해도 좋아요. 처음에 몇 번 훈련할 때만 필요한 거예요. 일단 3분 휴가를 몇 차례 연습해 본 후에는 별다른 도움 없이 자연스레 하기 쉬워지거든요.

눈을 감고 천천히 코로 숨을 들이쉬고 입으로 내쉬는 심호흡을 세 번 한다. 호흡할 때 몸의 근육이 이완되는 걸 느낀다. 몸이 점점 나른하고 차분해진다. 머릿속으로 되뇐다. "나는 차분하다. 나는 편안하다." 이 말을 두세 번 반복한다.

이제 어떤 큰 문까지 이어진 길을 따라 걸어 내려간다고 상상한다. 대문 주위에 아름다운 담벼락이 있다. 튼튼하고 안전한 담이다. 대문을 잠가둔 자물쇠에 내가 손바닥을 대고 누르기만 해도 문이 열린다. 대문을 열 때 차가운 금속의 감촉을 느낀다.

대문 안으로 들어가면 내가 세상에서 제일 좋아하는 휴가지에 들어선 것이다. 뒤에 있는 대문을 닫고 내가 제일 좋아하는 휴가지를 구성하는 온갖 아름다운 것들을 확인한다. 오감을 사용해서 이 모든 것을 감지하고 나 자신에게 하나하나 설명해준다.

뭐가 보이지? 하늘부터 땅까지, 그 사이에 있는 모든 곳을 둘러본다. 내가 제일 좋아하는 휴가지에서 내 눈에 보이는 이미지는 무엇일까? 나무와 풀과 나비가 있을까? 모래, 바다의 파도, 바닥에 흩어져 있는 조개껍질? 수면에 떠다니는 배들이 있는 호수, 뭉게뭉게 피어 있는 흰 구름, 나무에서 노는 새들?

온도는 어떠한가? 시원한 바람이 부는가, 따뜻한 산들바람이 부는가? 공기는 건조한가, 습한가? 3분 휴가를 즐기는 동안 무엇을 입고 있나? 당연히 내가 상상한 분위기에 완벽히 들어맞는 옷차림이다.

무슨 냄새가 나는가? 바닷바람에 실려 온 짠 냄새? 소나무에서 나는 신선한 향? 음식을 요리하는 냄새?

손을 뻗어서 내 밑의 땅바닥을 만져 본다. 바위투성이에 건조한 감촉? 부드러운 풀의 감촉? 가볍고 따스한 모래의 감촉?

어떤 소리가 들리지? 세찬 물소리? 아이들이 노는 소리? 갈매기가 끼룩대는 소리?

그곳에 누구와 함께 있지? 이건 나의 3분 휴가니까 내가 원하는 누구든 데려갈 수 있다. 나의 가족들이 함박웃음을 터뜨리며 내 주변에 있을 것 같다. 어쩌면 내가 친구들과 밖에서 함께 놀 것 같기도 하고, 개와 함께 산책 중이거나 말을 타고 있을지도 모른다.

잠깐 동안 내가 상상한 상황을 진심으로 만끽해 본다. 조용히 거닐며 이 3분 휴가에 빠져든다. 세세한 부분까지 가능한 한 많은 것을 경험하고, 이 3분 휴가가 전해주는 좋은 감정을 차분히 잘 느껴 본다.

이제 떠날 준비가 되면 아까 3분 휴가로 들어설 때 봤던 대문으로 돌아간다. 문을 나서서 다시 닫고 그 자리를 떠난다. 이제 이곳은 내가 와 본 장소니까 내가 원하면 언제든 마음속으로 다시 갈 수 있다. 3분 휴가는 내가 언제든지 즐길 수 있다.

마음이 좀 더 편안해졌나요? 이 훈련을 통해 부디 마음이 진정되고 여러분을 괴롭히던 스트레스가 줄어들었기를 바랄게요. 때때로 우리는 당장 자리를 비우거나 밖으로 나가서 나무 아래에 앉아 있지 못할 상황에 처하지만, 마음속으로는 이 장소로 갈 수 있어요. 스트레스에서 벗어나는 휴가일 수도 있고 재충전을 위한 휴가일 수도 있어요. 이 휴가의 가장 좋은 점은 비행기표도, 부모님도, 그 외 어떤 것도 필요하지 않다는 사실이에요. 안전하고 고요한 장소를 시각화(머릿속에 장면을 그려 본다는 뜻이에요)하는 데 익숙해지면 자기가 원할 때마다 그 이미지와 생각을 불러올 수 있답니다.

계속해 봐요!

다음 단계는 지금까지 배운 방법을 실생활에서 적용해 보는 거예요. 한 번 복습해 봐요.

그릿 목록

1. 그릿 찾기
2. 뇌가 과민반응을 일으킬 때 뇌를 진정시키기
3. 뇌가 변화할 수 있다는 것 인식하기
4. 감정에 이름을 붙여서 감정 다스리기
5. 생각을 바꾸기 위해 생각을 알아채기
6. 자기대화 하기
7. 동기부여 만트라 외우기
8. 세 가지 P가 작동하는 것 인식하기
9. 성장형 사고방식을 통해 변화하기
10. 감사하기
11. 관점 점검하기
12. 상대방의 관점으로 보도록 노력하기
13. 진짜 문제가 무엇인지 파악하기
14. 충분히 자고 운동하고 먹기

15. 자기만의 시간 갖기

16. 마음챙김을 통해 현실에 집중하고 자신을 단련하기

이 방법들을 많이 쓰면 쓸수록 그릿이 점점 크게 자랄 거예요.

여기(http://www.newharbinger.com/45984)에서 이 목록을 다운받아서 옷장 문이든 거울 옆이든 잘 보이는 곳에 붙여두면 그릿 기르기 방법을 수시로 되새길 수 있어요.

정말 축하합니다! 그릿 기르기 과정을 정말 열심히 따라줘서 고마워요.

여러분의 노력을 축하하기 위해 수료증을 준비했어요.

다음 페이지에 있는 수료증을 여기(http://www.newharbinger.com/45984)에서 다운받아도 돼요.

이 워크북은 그릿 기르기를 평생 실천하기 위한 첫걸음이었답니다!

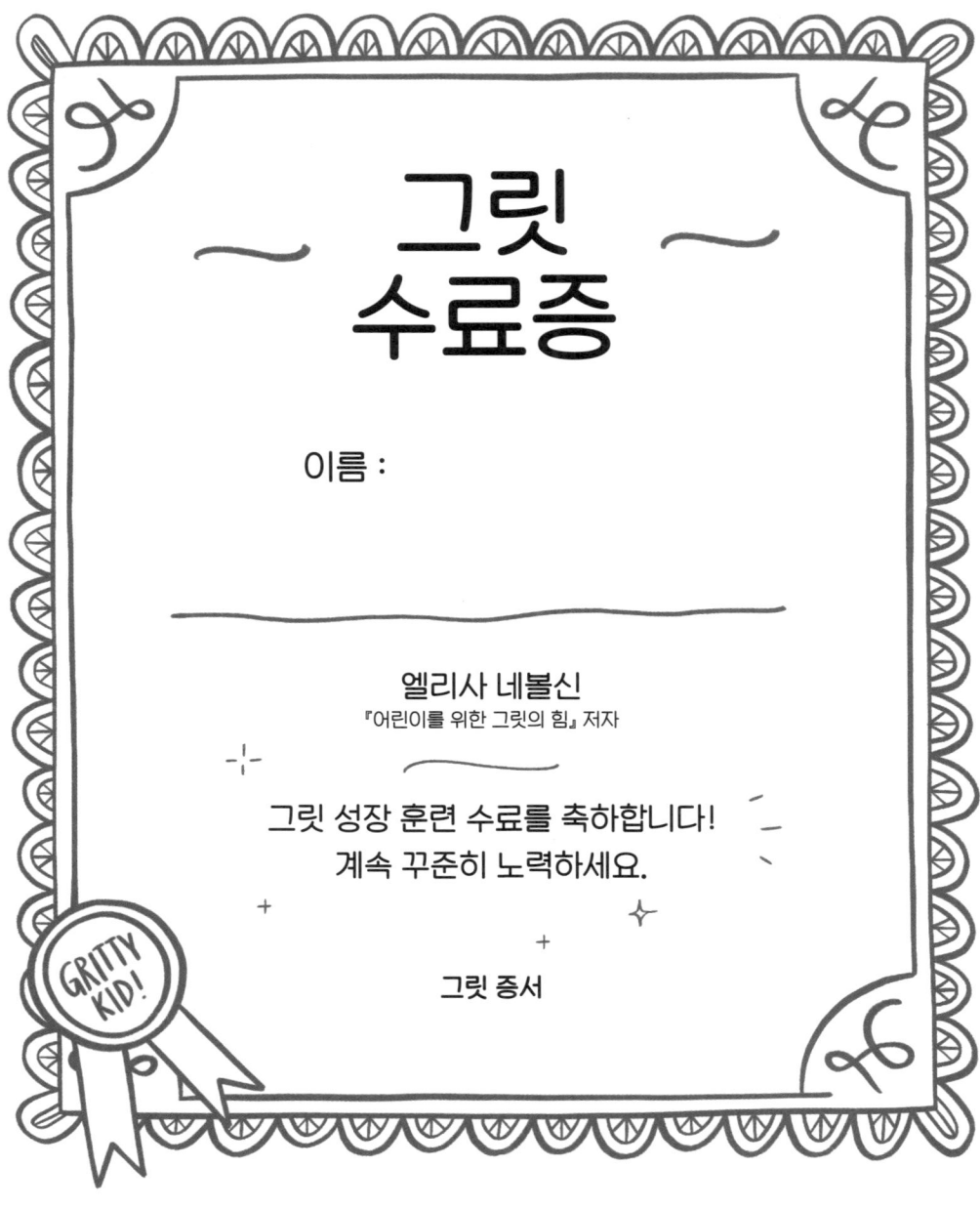

감사의 글

제인 아눈치아타에게 깊은 감사를 전합니다. 처음에 어린이를 위한 회복탄력성 워크북 아이디어를 주신 분입니다. 이 워크북에는 제인과 제가 어린이를 위한 '회복' 지침서와 관련해 여러 가지 아이디어를 모으고 글을 쓰느라 보낸 많은 시간이 담겨 있습니다. 이 책 곳곳에는 제인의 노고가 알알이 박혀 있고, 그녀의 지혜와 멘토링은 과거에도 현재에도 나의 여정에 밝은 길잡이가 되어줍니다.

이 책에 실린 삽화는 재능 있는 알리 함다니의 작품입니다. 알리는 솜씨 좋은 화가일 뿐 아니라 인내심 있고 사려 깊은 동료이기도 합니다. 폴리나 지미나는 굵은 활자체의 도표 등을 그려줬습니다. 그녀의 노고와 아름다운 그림에 감사드립니다. 폴리나 덕분에 그릿 훈련 도표가 아주 멋있어졌습니다. 온라인에 실린 몇몇 양식은 스테파니 세티아완이 스케치했습니다. 스테파니 역시 믿음직한 전문가이자 재능 있는 예술가입니다.

어린이를 위한
그릿의 힘

초판 1쇄 발행 2024년 4월 23일
초판 2쇄 발행 2024년 5월 16일

지 은 이 | 엘리사 네볼신
옮 긴 이 | 정미현
발 행 처 | 이너북
발 행 인 | 이선이

편   집 | 지은정
마 케 팅 | 김   집
디 자 인 | 표지_최수정 본문_이유진

등   록 | 제 2004-000100호
주   소 | 서울특별시 마포구 백범로 13 신촌르메이에르타운Ⅱ 305-2호(노고산동)
전   화 | 02-323-9477 팩   스 | 02-323-2074
E-mail | innerbook@naver.com
블 로 그 | blog.naver.com/innerbook
포 스 트 | post.naver.com/innerbook
인스타그램 | @innerbook_

ⓒ엘리사 네볼신, 2024
ISBN 979-11-88414-78-9 73180

* 이 책은 저작권법에 따라 보호를 받는 저작물이므로 무단 전재와 무단 복제를 금지하며, 이 책 내용의 전부
  또는 일부를 사용하려면 반드시 저작권자와 이너북의 서면 동의를 받아야 합니다.
* 책값은 뒤표지에 있습니다.
* 잘못되거나 파손된 책은 서점에서 교환해드립니다.

이너북 주니어는 이너북출판사의 어린이책 브랜드입니다.